2020年
中国农村创业创新发展报告

农业农村部乡村产业发展司　指导

中农智慧（北京）农业研究院　组编

中国农业出版社

北 京

参 编 单 位

农业农村部规划设计研究院农产品加工工程研究所
中国农业科学院农业信息研究所
中农智慧（北京）农业研究院
中国人民大学信息资源管理学院
重庆西大农业科技研究院
清华大学社会科学学院
界面新闻/界面商学院

序
PREFACE
言

　　农村创业创新是乡村产业振兴的重要动能，是大众创业、万众创新的重要组成部分。习近平总书记强调，**让愿意留在乡村、建设家乡的人留得安心，让愿意上山下乡、回报乡村的人更有信心**。李克强总理指出，**农村创业创新是增加农民就业和收入、繁荣乡村产业的重要途径**。国家大力推动农村创业创新，引导各类人群返乡入乡、创业兴业，对推动乡村产业发展和带动农民就业增收发挥了重要作用。

　　近年来，农业农村部推动持续改善农村创业创新环境，引导支持一批农民工返乡创业、一批大中专毕业生和退役军人等入乡创业、一批农村能人在乡创业，取得积极成效，广袤乡村成为创业创新热土，呈现出四大特点。**一是规模扩大**。2020 年全国各类返乡入乡创业创新人员首次突破 1 000 万，达到 1 010 万人，是近年来增加最多、增长最快的一年。**二是领域拓宽**。农村创业创新人员拓展农业多种功能和增值增效空间，开发农产品初加工、乡村休闲旅游、农村电商、家政养老、乡土特色手工等产业，带动乡村产业链条纵向延伸、功能横向拓展、价值多向提升。**三是层次提高**。农村创业创新项目中 55% 运用信息技术，85% 以上属于农村一二三产业融合类型，60% 以上具有创新因素，80% 以上是联合创业。**四是联农带农效果明显**。返乡入乡人员的涉农创业中，创办农民合作社、家庭农场等占 30%，一个返乡创业创新项目平均可吸纳 6.3 人稳定就业、17.3 人灵活就业。

　　2020 年是全面建成小康社会目标实现之年、全面打赢脱贫攻坚战收官之年。按照党中央做好"六稳"工作、落实"六保"任务部署，各地强化政策扶持，聚集资源要素，加大服务力度，推进农村创业创新工作落实落细。农业农村部通过调查研究，深入分析返乡入乡人员创业就业和农村创业创新情况，形成了 18 万字的《中国农村创业创新发展报告（2020 年）》，提供了详实、准确的数据以及可借鉴、可推广、可复制的典型案例。这是第一部向全社会公布、具有综合性和权威性的农村创业创新研究报告，相信会给我国农村创业创新发展提供有力指引和积极促进。

2021年是实施"十四五"规划的第一年，是巩固脱贫攻坚成果和全面推进乡村振兴和加快农业农村现代化的开局之年，深入推进农村创业创新意义重大。下一步，要围绕"保供固安全、振兴畅循环"，立足新发展阶段，贯彻新发展理念，构建新发展格局，坚持以农业农村优先和就业优先发展为原则，强化创新驱动，优化创业环境，推动农村创业创新纵深发展，在更大规模、更宽领域、更高层次、更深程度上促进乡村产业高质量发展，为全面推进乡村振兴注入新活力，为农业农村现代化增添新动能。

农业农村部总农艺师

前言

FOREWORD

2020 年是极其不平凡的一年。这一年，既是全面建成小康社会目标实现之年、全面打赢脱贫攻坚战收官之年，更是全球新冠肺炎疫情抗击和旱涝台风多灾之年。

特别是这一年，受新冠肺炎疫情影响，年初和一季度末，大量返乡留乡农民工滞留乡村，二季度又因外贸企业订单减少、服务业复市复业受限，外出农民工"二次返乡"人数一度上升，农村就业形势复杂严峻。面对纷繁复杂的就业创业局面，农业农村部门联合人力资源和社会保障部门贯彻党中央、国务院做好"六稳"工作、落实"六保"任务的部署，及早谋划、加大力度、加快行动、综合施策，有力有序促进返乡留乡农民工就地就近就业，大力推进农村创企业、兴产业、带就业、建家业，形成以创新带动创业、以创业带动就业、以就业促进增收的良性互动格局。

为及时准确、客观公正记录农民工等人员返乡入乡创业就业和农村创业创新情况，农业农村部乡村产业发展司牵头，组织专家力量深入研究，研判总体发展趋势，梳理政策制定和落实情况，在此基础上，编撰了《中国农村创业创新发展报告（2020 年）》。

报告分为四个部分：**第一部分为总报告**，系统描述 2020 年返乡留乡农民工就业和农村创业创新情况，主要数据来源于农村创业创新监测抽样调查。**第二部分为专题篇**，分别从返乡留乡农民工就业情况、返乡入乡在乡创业创新情况、社会资本下乡创业创新情况和农村留守妇女创业情况 4 个维度出发，研究农村创业创新发展前景和带动作用。**第三部分为平台篇**，主要从发展情况、资源聚集、典型模式等方向，研究农村创业创新园区和孵化实训基地等平台载体的类型和建设情况。**第四部分是政策篇**，收录 2020 年农业农村部等部门推动出台的农村创业创新相关政策文件。

民族要复兴，乡村必振兴。乡村振兴，产业兴旺是基础，创业创新是源头活水和根本动能。为此，作为反映返乡留乡农民工就地就近就业和农村创业创新总体情况的本书，将忠实记录历史、力求内容丰富、确保数据准确、争取文字精练，为读者带来最新的农村创业创新研究成果和时代信息，以期推动农村创业创新热潮持续延伸，促进农村创业创新与乡村产业同频共振，为乡村全面振兴和农业农村现代化提供有力支撑。在此，谨向关注返乡留乡农民工就地就近就业和农村创业创新的社会各界有识之士表示衷心感谢。

农业农村部乡村产业发展司

2021 年 5 月 6 日

目录
CONTENTS ···

第一篇

2020年全国返乡入乡创业创新情况监测调查分析报告

一、总论①

（一）监测调查基本情况

2020年，农业农村部乡村产业发展司以兼顾地区均匀分布、农民工输出大省为原则，选取吉林、黑龙江、江苏、浙江、江西、山东、河南、湖南、广东、重庆、四川、云南、陕西、甘肃等14个省、直辖市为监测调查试点地区。在140个样本县（市、区）和2 479个样本行政村开展问卷调查，共收回县调查表、村调查表和返乡入乡创业创新人员调查表13 893份。经数据交叉审核验证，调查质量较好。

（二）返乡入乡创业发生率

近年来，各地农村创业创新环境不断优化，吸引一大批人才返乡入乡创业创新。新冠肺炎疫情发生后，返乡农民工留乡创业意愿进一步增强。2020年，全国返乡入乡创业创新发生率②为92.2%，较上年提高8.6个百分点。发生返乡入乡创业的行政村，其创业人员平均数为20.5人，较上年底增加1.7人。

（三）返乡入乡创业人员总数

截至2019年底，我国行政村（委会）共计53.3万个③，按返乡入乡创业创新发生率92.2%、行政村平均返乡入乡创业人数20.5人测算，2020年全国返乡入乡创业创新人数达到1 010万人，较上年增加160万人。

（四）调查结论摘要

· 受疫情影响，2020年，返乡创业的农民工和个体工商户经营者成为创业创新主力，合计占比达到79.9%；

· 规模种养业、乡土特色种养业、农产品加工流通和乡村休闲旅游业是返乡入乡创业创新的重点领域，占比分别为46.0%、22.7%、9.9%和6.8%；

· 返乡入乡创业创新经营实体的平均投资规模上升。其中，50万元以内小规模投资占51.7%，较上年下降7.6个百分点，500万元及以上的较大规模投资占7.8%，提高0.1个百分点；

· 平均每个返乡入乡创业创新经营实体，可吸纳6.3人长期就业和17.3人短期灵活就业，吸纳能力较上年增加；

· 农村创业创新环境进一步优化，创业环境满意度达到86.1%。

---

① 作者：李春艳，农业农村部乡村产业发展司
徐磊、王剑、王兵兵，中国农业科学院农业信息研究所
② 返乡入乡创业发生率是指有返乡入乡创业情况发生的行政村占行政村总数的比重。
③ 数据来源：民政部《2019年民政事业发展统计公报》。

二、返乡入乡创业创新人员情况

（一）身份特征

2020 年初，大批返乡人员滞留乡村、难以返城返岗，他们的返乡就业创业意愿明显增强。调查显示，2020 年，返乡农民工①创业者占比达到 70.1%，总量规模约为 710 万人。返乡创业的个体经营者占比位列第二，为 9.8%，返乡入乡创业创新的企业主、大专院校毕业生和退役军人占比分别为 7.6%、5.6% 和 3.8%。离退休人员的阅历丰富、时间充裕，近年来也成为入乡创业的一支重要队伍，占比达到 0.8%（图 1-1）。

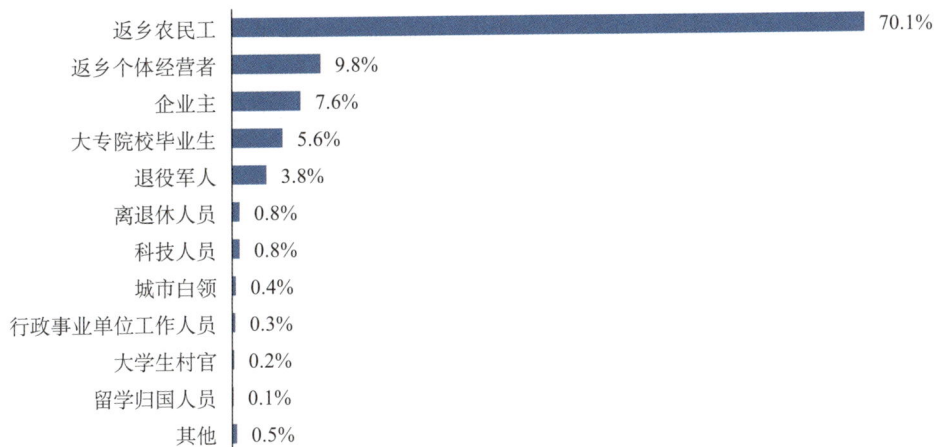

返乡农民工 ▌ 70.1%
返乡个体经营者 ▌ 9.8%
企业主 ▌ 7.6%
大专院校毕业生 ▌ 5.6%
退役军人 ▌ 3.8%
离退休人员 ▌ 0.8%
科技人员 ▌ 0.8%
城市白领 ▌ 0.4%
行政事业单位工作人员 ▌ 0.3%
大学生村官 ▌ 0.2%
留学归国人员 ▌ 0.1%
其他 ▌ 0.5%

图 1-1 返乡入乡创业创新人员构成

（二）性别年龄

受返乡创业农民工人数大幅增加等因素影响，2020 年男性创业者占比、创业者平均年龄等指标值均有所上升。其中，男性返乡入乡创业创新人员占比为 85.6%，较 2019 年略增 0.5 个百分点。返乡入乡创业创新人员平均年龄为 46.4 岁，较上年增加 3.1 岁。

分年龄段看，35 岁以下和 50 岁以上的返乡入乡创业创新人员占比均较上年提高，其中，30 岁以下、30～34 岁两个年龄组的创业人员占比分别为 3.7% 和 8.9%，较 2019 年分别提高 0.2 和 0.4 个百分点；50 岁以上年龄组的创业人员占比为 38.9%，较 2019 年增加 1.7 个百分点。返乡入乡创业创新人员年龄呈现两端走高、中间下降的主要原因：一方面是大龄农民工普遍学历低、转岗难，2020 年外出不好找工作，从而选择返乡创业、自主就业；另一方面受乡村振兴战略和国内大循环战略影响，利用新技术、新理念在县域内创业创新的前景广阔，不少青年农民工选择返乡创业、发展事业（图 1-2）。

---

① 广义的返乡农民工包括返乡农村户籍的务工人员和个体工商户经营者，本调查中，返乡农民工仅指农村户籍务工人员。为详细区分身份性质，2020 年调查新增返乡个体经营者、离退休人员、行政事业单位工作人员和大学生村官等选项。

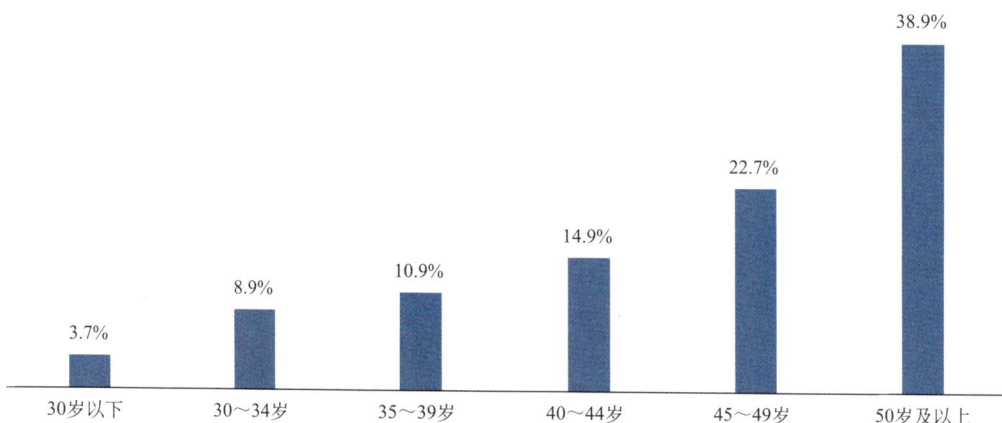

图 1-2　返乡入乡创业创新人员年龄结构

（三）学历结构

返乡入乡创业创新人员的学历水平不断提升。2020 年，大专及以上学历的返乡入乡创业创新人员占比达到 14.2%，较上年提高 0.9 个百分点，其中，大专学历、本科及以上学历的占比分别达到 10.1% 和 4.1%。初中及以下学历的返乡入乡创业创新人员占比继续下降，且首次降到 50% 以下（图 1-3）。

年轻返乡入乡创业创新人员的平均学历持续优化。50 岁以上（1970 年以前生人）的返乡入乡创业创新人员，六成以上为初中及以下学历，本科以上学历的不足 2%。随着年龄下降，低学历的占比也直线下降，30 岁以下返乡入乡创业创新人员中，初中及以下学历的"90 后"创业人员占比下降到 19.8%（表 1-1）。高学历年轻返乡创业人员为农村创

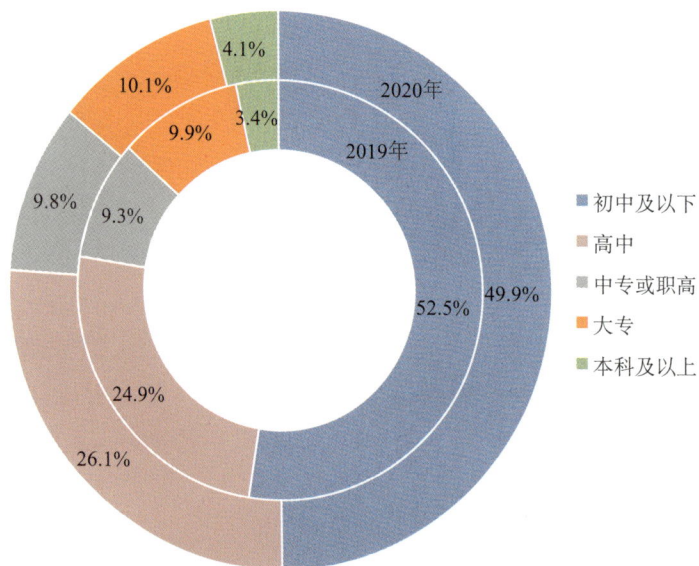

图 1-3　返乡入乡创业创新人员学历结构

表 1-1　返乡入乡创业创新人员学历和年龄结构　　　　单位：%

学历	1970 年及以前	(1970,1975]	(1975,1980]	(1980,1985]	(1985,1990]	1990 年以后	整体
初中及以下	60.3	53.1	45.5	40.7	27.8	19.8	49.9
高中	27.1	27.4	27.0	22.3	23.8	19.8	26.1
中专或职业高中	5.2	7.9	13.3	16.1	17.3	18.9	9.8
大专	5.6	9.2	10.5	13.9	19.0	27.9	10.1
本科	1.5	2.1	3.5	6.7	11.4	12.9	3.8
研究生及以上	0.3	0.3	0.2	0.3	0.7	0.7	0.3
合计占比	100	100	100	100	100	100	100

业创新和乡村产业发展注入新动力。目前，每 10 名"90 后"返乡创业人员中，有 4 人具有大专及以上学历。

（四）团队规模

多数返乡入乡创业创新人员选择"抱团"创业，以期实现相互支持、相互借力。2020 年，返乡入乡创业创新的创业团队平均人数为 6.9 人，与 2019 年基本持平。与 2019 年相比，创业团队人数规模向 3 ～ 8 人集中，集中度提高 5.5 个百分点。此外，1 人创业的占比为 17.3%，较上年下降 3.5 个百分点，11 人以上的大团队占比 6.9%，下降 0.5 个百分点（图 1-4）。

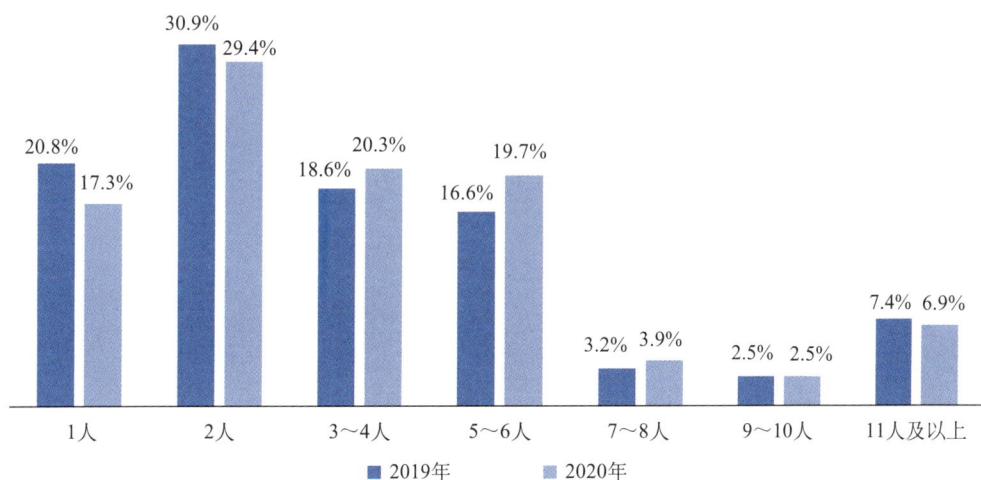

图 1-4　返乡入乡创业创新团队人数分布

三、返乡入乡创业创新经营实体情况

（一）实体类别

与 2019 年相比，目前返乡入乡创办实体中农民专业合作社、家庭农场占比分别为

24.8%和15.2%（图1-5），较上年上升2.7和5.7个百分点；个体工商户占比下降至30%。这主要是因为新冠肺炎疫情发生后，各地积极引导返乡农民工回归农业，领办农民专业合作社、合办农机服务社、开办家庭农场，农村创业创新经营实体增长较快（图1-6）。

（二）创业领域

返乡农民工、个体经营者等创业人员，回归农业从事规模种养业、乡土特色种养业和种子种苗培育的较多，占比分别为46.0%、22.7%和4.9%（图1-7），较2019年分别增加4.5、1.3和1.0个百分点。规模种养业占比大幅上升的原因之一是，生猪养殖走出"非洲猪瘟"影响，各项补贴和保障措施落实到位，吸引大批返乡农民工开办了家庭养殖场。

同时，各地鼓励返乡入乡创业创新人员发掘农业多种功能和乡村多重价值，大力开发农村一二三产业融合发展创业创新项目。本次调查中，农产品加工流通、乡村休闲旅游、农产品电商、乡土特色手工业占比分别为9.9%、6.8%、4.5%和2.9%，较上年呈现

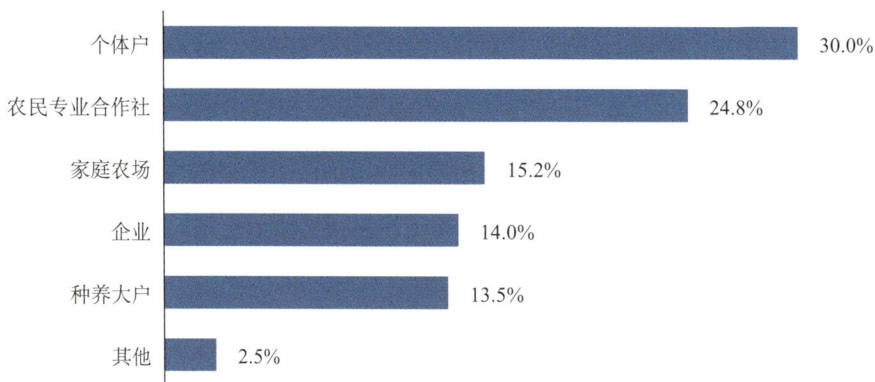

图1-5　返乡入乡创业创新经营实体占比

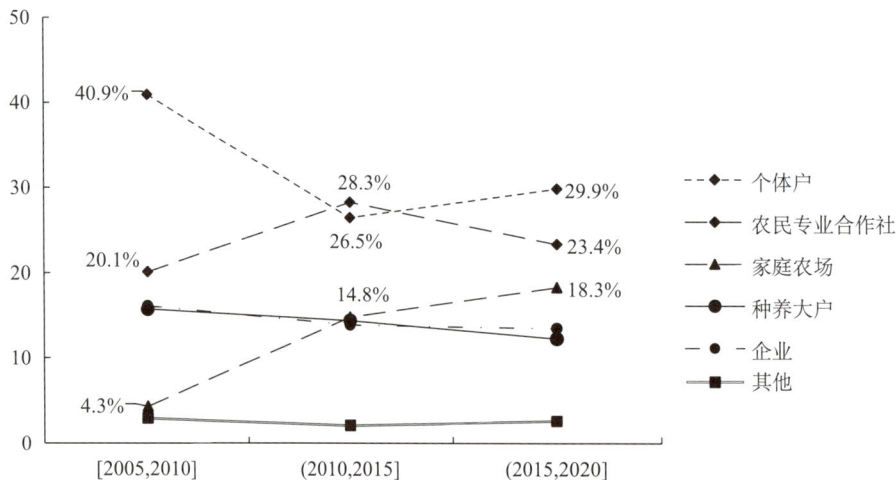

图1-6　不同时间段返乡入乡创业创新经营实体类别

規模种养业 46.0%
乡土特色种养业 22.7%
农产品加工流通 9.9%
乡村休闲旅游 6.8%
种子种苗培育 4.9%
农资销售 4.5%
农产品电商 4.5%
农机服务 4.0%
乡土特色手工业 2.9%
植保服务 2.2%
兽医服务 0.8%
农业金融保险 0.5%
家政服务 0.4%
养老服务 0.3%
其他 22.4%

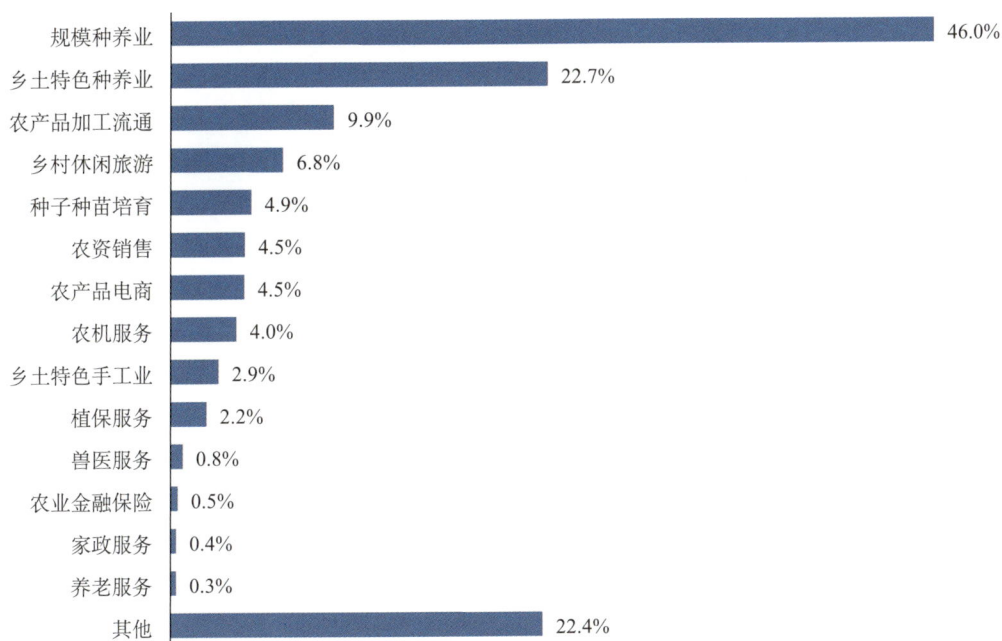

图 1-7　返乡入乡创业创新行业领域分布（可多选）

稳中有升的良好态势。此外，部分乡村地区已有家政服务、养老服务等创业项目[①]，虽然目前占比不大，但发展空间广阔。

创业者年龄对其选择创业领域有较大影响。调查发现，30 岁及以下返乡创业人员，从事农村电商的占比达到 7.7%，而 50 岁以上返乡人员则主要在传统农业生产领域创业，占比达到 48.0%。

（三）资金来源

自有资金是否充足，是启动返乡入乡创业项目的关键，也是限制农村创业创新的因素。调查显示，83.4% 的返乡入乡创业人员筹资的主要渠道是自有资金。能够从银行贷款获得资金支持的占 32.4%，约为三分之一。12.8% 的返乡创业人员会向亲朋好友借债，或者从其他民间渠道借款。政府扶持资金主要起到引导、鼓励作用，是 10.6% 返乡入乡创业创新经营实体的资金来源（图 1-8）。

（四）负债情况

全国返乡入乡创业创新经营实体的负债水平总体下降：65.2% 的创业实体无负债，较上年提高 8.5 个百分点；有负债的返乡入乡创业创新经营实体，平均负债额为 122.2 万元，较 2019 年下降了 3.7%。其中，约四分之三的返乡入乡创业创新经营实体负债规模在 80 万元以下，超过半数的返乡入乡创业创新经营实体负债规模在 30 万元以下。

---

① 2020 年监测调查表新增家政、养老分类监测选项，行业领域可多选。

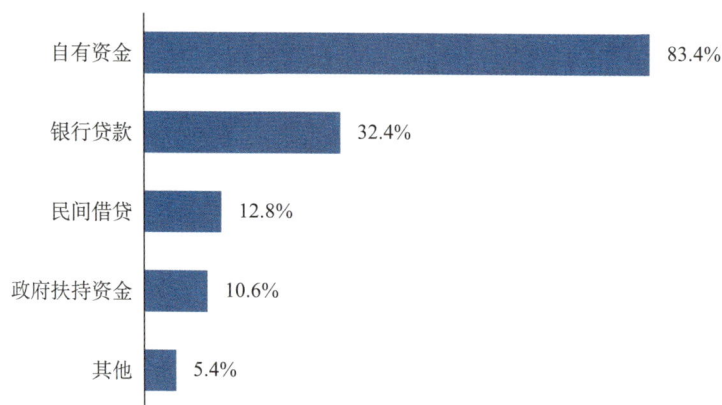

图1-8　返乡入乡创业创新项目资金渠道占比

不同领域的负债情况有明显差异。农资销售资金投入小、周转速度快，无负债占比较高，达到68.7%。家政服务是劳动密集的轻资产行业，无负债占比为65%。养老服务业、乡村休闲旅游业需要使用房屋建筑和设备设施等固定资产，属于重资产行业，因此完全无负债的占比较低（图1-9）。

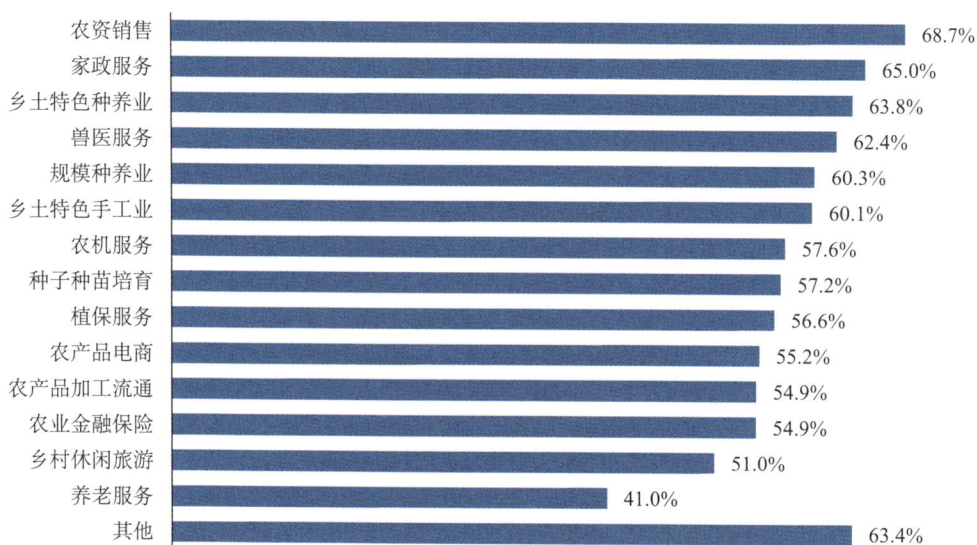

图1-9　各行业领域无负债返乡入乡创业创新经营实体占比情况

（五）资金投入

返乡入乡创业创新的资金投入规模有上升趋势。主要表现在总投资20万元以下的返乡入乡创业创新经营实体占比下降，总投资在20万元以上的各段占比普遍上升（图1-10）。20万元以下的小规模投资创业项目占比29.7%，较上年下降8.7%；20万～50万元的中小规模投资项目占比21.9%，较上年增加1个百分点；50万～200万的中等投资规模项目占比29.2%，较上年增加4.8个百分点。

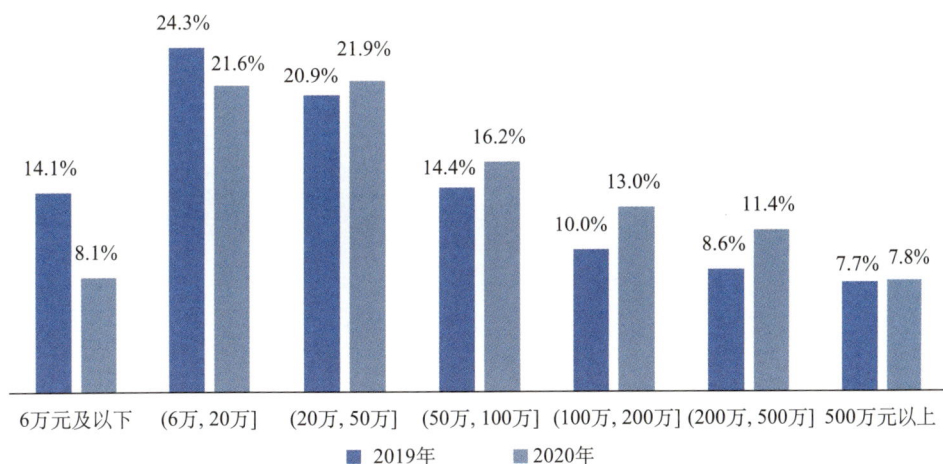

图 1-10 返乡入乡创业创新资金投入年度变化情况

（六）营业收入

返乡入乡创业创新经营实体的收入水平持续提升。2019 年全年平均收入达到 128.5 万元①，较 2018 年的平均收入增长 11.4%。从经营收入分布看，总收入 20 万～50 万元和 50 万元以上的返乡入乡创业创新经营实体占比分别为 20.3% 和 23.5%，较 2018 年分别增加 2.9 和 2.2 个百分点，而经营收入在 10 万元以内的返乡入乡创业创新经营实体占比则进一步下降至 38.0%，降幅达 6.3 个百分点（表 1-2）。

表 1-2 2019 年分地区返乡入乡创业创新经营实体总收入结构　　　　单位：%

总收入	全国	东部	中部	西部	东北
10 万元以内	38.0	30.3	36.1	43.9	36.3
10 万～20 万元	18.2	17.6	18.4	17.3	22.6
20 万～50 万元	20.3	21.9	21.4	18.6	21.1
大于 50 万元	23.5	30.2	24.1	20.2	20.0
合计占比	100	100	100	100	100

（七）盈利情况

返乡入乡创业创新盈利能力不断增强。2020 年，已收回全部投资成本的返乡入乡创业创新经营实体占比为 56.8%，较上年提升 4.6 个百分点。分行业来看，农资销售、兽医服务、家政服务等轻资产行业较易实现盈利，已盈利的占比分别为 67.9%、67.1% 和 65%。植保服务、农机服务等农业社会化生产服务，由于业务需求稳定，也比较容易实现盈利，已盈利的返乡入乡创业创新经营实体占比分别为 55.4% 和 53.4%，较 2019 年增加了 10.2 和 8.8 个百分点。相比之下，养老服务业尚处于产业成长阶段，由于投资成本大、

① 调查要求营业收入填写上年（即 2019 年）全年值。

市场回报周期长，目前仅有15.4%的此类返乡入乡创业创新经营实体收回成本并实现了盈利（表1-3）。

表1-3　分行业已实现盈利返乡入乡创业创新经营实体占比　　　　　单位：%

行业	2020年	2019年	变动
农资销售	67.9	60.5	7.4
兽医服务	67.1	56.7	10.4
家政服务	65.0	—	—
植保服务	55.4	45.2	10.2
农机服务	53.4	44.6	8.8
规模种养业	52.5	43.6	8.9
乡土特色手工业	51.7	52.8	−1.1
乡土特色种养业	50.1	42.8	7.3
农产品加工流通	49.3	44.9	4.4
农业金融保险	49.0	46.4	2.6
农产品电商	46.4	45.5	0.9
种子种苗培育	44.9	37.8	7.1
乡村休闲旅游	34.0	25.9	8.1
养老服务	15.4	—	—
其他	67.8	67.1	0.7

（八）带动就业

2020年，各地大力扶持农村创业创新发展，带动更多返乡留乡农民工就地就近就业。调查显示，目前全国每个返乡入乡创业创新经营实体平均吸纳6.3人长期就业，较上年增加0.3人；吸纳17.3人短期灵活就业，较上年增加1.3人。分地区看，中部地区的返乡入乡创业创新经营实体平均吸纳就业人数最多，长期和短期平均吸纳人数分别达到8.4人和21.4人。

（九）促进增收

本次调查以支付工资总额除以雇佣人数，计算各返乡入乡创业创新经营实体平均支付给长期员工、短期员工的工资水平。结果显示，2020年，返乡入乡创业创新经营实体支付给长期员工的年工资多数在2万～5万元，支付给短期员工的工资总额平均在1万元左右，与上年基本持平。

四、农村创业创新环境情况

（一）创业环境满意度

近年来，各地各级政府部门深入推进"放管服"改革和大众创业万众创新，农村创

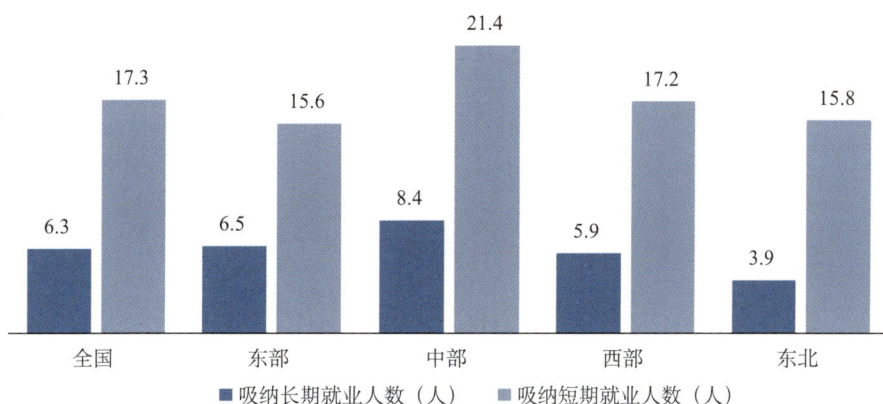

图 1-11 分地区返乡入乡创业创新经营实体吸纳就业人数情况

业创新环境也随之不断优化，返乡入乡创业创新人员对本地创业环境满意度①持续提高。监测显示，2020 年，返乡入乡创业创新人员对本地创业环境的评价进一步向好，选择非常好、比较好的分别为 50.2% 和 35.9%，满意度达到 86.1%，较上年提高 6.8 个百分点。

分地区看，2020 年，中部地区仍然是农村双创环境满意度最高的地区，满意度达到 87.6%（表 1-4），比全国平均水平高 1.5 个百分点。此外，满意度提升最快的是西部地区，从 2019 年的 76.8% 提升至 2020 年的 84.8%。

表 1-4 分地区返乡入乡创业创新人员对本地创业环境评价　　　　　　单位：%

评价	全国	东部	中部	西部	东北
满意度	86.1	86.8	87.6	84.8	86.8
非常好	50.2	51.6	53.2	47.4	53.3
比较好	35.9	35.2	34.4	37.4	33.5
一般	12.8	12.0	11.7	14.0	12.0
不太好	1.1	1.2	0.7	1.2	1.2

（二）创业培训

2020 年，全国平均每县组织返乡入乡创业创新培训班 57 次，培训 3 149 人次，受新冠肺炎疫情影响，培训次数有减少，但培训人数不降反升。从培训力度上看，2020 年，县域平均返乡入乡创业创新培训力度指数仅为 0.48，较 2019 年有所下降，有可能是新冠肺炎疫情导致返乡留乡创业人员大量增加，但培训计划和培训补贴等没能及时增加。

（三）平台载体

位于乡镇的农村创业创新孵化实训基地，是集中为创业人员提供政策咨询、注册代办、技术指导等服务，以及为创业企业提供办公场所的平台载体，同时为加快培育农村

---

① 对本地创业环境评价为"非常好"和"比较好"的合计占比。

创业创新带头人提供支撑和保障。调查显示，2020年，全国乡镇/街道农村创业创新孵化实训基地覆盖率达到29%，较上年提高0.3个百分点。

（四）创业补贴

根据有关政策，各地对符合条件的、首次创业且正常经营1年以上的返乡入乡创业创新人员，可按规定给予一次性创业补贴。2020年8月，人力资源社会保障部、农业农村部等十五部门印发《关于做好当前农民工就业创业工作的意见》，进一步放宽优惠政策，规定正常经营6个月以上的，可先行申领补贴资金的50%。从调查数据看，2020年，全国平均每个县（区、市）为符合条件的返乡入乡创业创新人员提供374.7万元一次性创业补贴，相当于为返乡入乡创业人员平均每人补贴1 069元。其中，西部和中部地区的补贴力度较高。

（五）培育成效

调查显示，全国平均每县约有1 144个返乡入乡创业创新项目，东部地区和西部地区

表1-5 县域返乡入乡创业创新人员培训情况

主要指标	2019年	2020年				
	全国	全国	东部	中部	西部	东北
县域平均开设返乡入乡创业创新培训班次数（次）	58	57	54	26	90	25
县域平均培训返乡入乡创业创新人次（人次）	3 096	3 149	4 031	1 801	4 013	1 286
县域平均返乡入乡创业创新培训力度指数	0.54	0.48	0.68	0.22	0.61	0.25

注：县域平均返乡入乡创业创新培训力度指数=培训人次/当前本县返乡入乡创业创新人员总数。

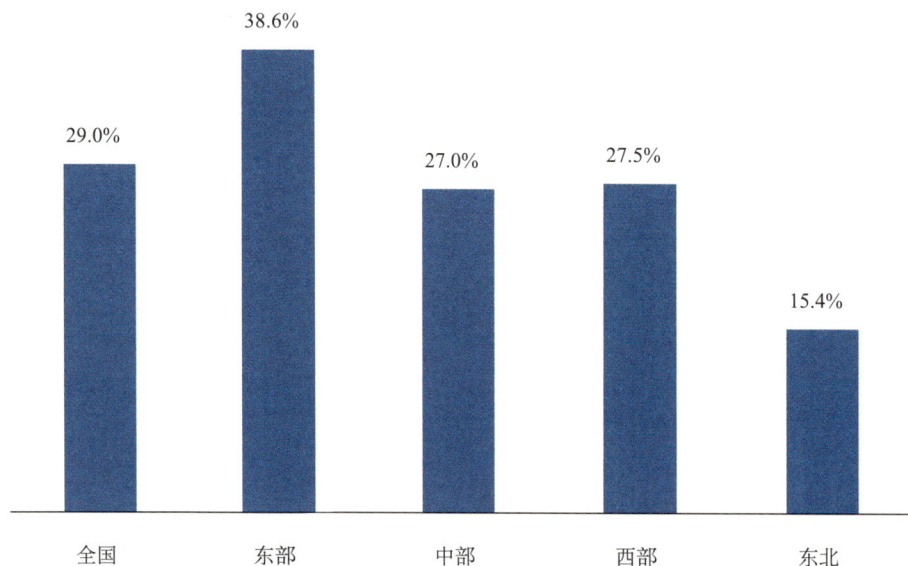

图1-12 乡镇/街道农村创业创新孵化实训基地覆盖率

表 1-6　县域创业补贴力度及创业项目情况

主要指标	2019 年	2020 年				
	全国	全国	东部	中部	西部	东北
县域平均发放首次创业一次性补助总额（万元）	—	374.7	325.2	530.6	547.9	36.3
县域返乡入乡创业创新政府平均补贴力度（元/创业人员）	2 521	1 069	817	1 413	1 315	151
县域返乡入乡创业创新项目平均数量（个）	—	1 144	1 350	1 088	1 327	863
县域年销售收入 500 万元及以上涉农企业平均数（个）		71	101	89	51	31

注：2019 年部分指标未进行调查。

县域的返乡创业项目数量较多，分别为 1 350 个和 1 327 个。

涉农企业的数量，可较为宏观地反映一个地区乡村产业发展水平，进而反映该地区农村创业创新经营实体累计培育成效。为提高数据准确度，本次调查，要求各样本县填报了本地区年销售收入 500 万元及以上涉农企业的数量。分析显示，全国平均每县有 71 个年销售收入超过 500 万元的涉农企业，东部、中部县域的涉农企业较多，西部和东北地区的县域经济还需进一步壮大。

（六）公共服务

设立专门的农村创业创新公共服务机构，有利于整合农村创业创新资源要素，并及时、精准地为有返乡创业意愿或者正在创业的人员提供服务。调查发现，全国 41.4% 的县域已经设立了专门的农村创业创新公共服务机构。其中，中部地区设立服务机构的占比最高，达到 60%。

启动资金不足导致很多返乡入乡创业创新项目最终不能落地，设立创业创新基金的

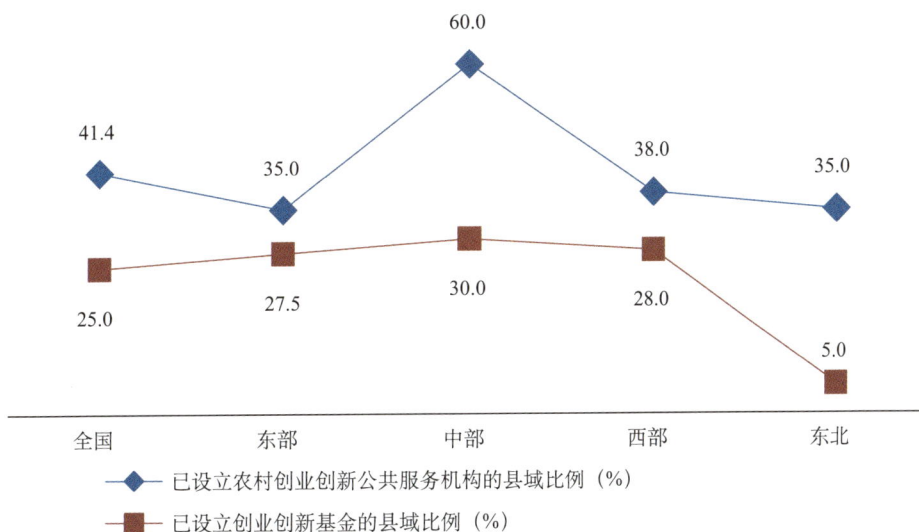

图 1-13　创业创新公共服务机构和创业创新基金设立情况

核心目的就是破解"融资难"问题。目前，全国约有四分之一的县域设有创业创新基金，下一步需要对各地基金的使用加强引导，用准用好基金，发挥基金的撬动作用，服务更多返乡入乡创业创新人员。

（七）扶持措施

近年来，各地在培训、用地、税收、贷款等方面采取有力措施对返乡入乡创业创新人员给予扶持。其中，以"技术培训+创业培训"的培训模式最为普遍、最受欢迎。2020年，接受政府部门免费技术培训和创业培训的返乡入乡创业人员占比分别为42.5%和28.3%，较上年分别提高6.5和5.1个百分点。此外，税收优惠、农机购置补贴、用地优惠和创业贷款扶持等方式覆盖率超过10%（图1-14）。但仍有17.7%的返乡创业人员表示，未享受过调查所列15种公共服务和优惠政策中的任何一种。其中，东北地区未获得过扶持的占比最高，比全国高3.6个百分点。

	全国	东部	中部	西部	东北
技术培训	42.5%	40.2%	40.6%	45.0%	41.2%
创业培训	28.3%	28.4%	26.1%	29.3%	27.6%
税收优惠	17.8%	17.8%	16.6%	20.0%	11.8%
农机购置补贴	13.5%	14.2%	16.4%	11.2%	16.3%
用地优惠	11.5%	13.0%	14.8%	10.3%	7.4%
创业贷款	11.4%	7.4%	12.8%	14.6%	6.0%
种子种苗种畜补助	7.8%	9.1%	10.1%	7.1%	4.5%
用水用电用气优惠	7.0%	8.6%	8.5%	5.9%	5.8%
代办证照	4.5%	6.1%	4.2%	3.9%	3.7%
扶贫贷款	3.6%	2.2%	5.9%	3.9%	2.6%
产品代销	3.4%	3.8%	3.8%	3.1%	3.0%
见习、实训	3.3%	3.5%	2.5%	3.5%	2.9%
融资担保	3.0%	3.0%	2.4%	3.6%	1.7%
网店设计	0.8%	0.8%	0.9%	0.7%	0.5%
其他	12.2%	12.0%	11.8%	13.7%	7.4%
以上均没有	17.7%	18.8%	16.7%	16.5%	21.3%

图1-14 分地区返乡入乡创业创新各类公共服务提供情况

第二篇

农村创业创新专题报告

专题一 我国农民工和农村就业研究报告 [①]

摘要：改革开放以来，特别是在工业化、城镇化进程中，出现了农民工这一独特现象。农民工这一群体从最初的"离土不离乡"到"离土又离乡"，再到"进城又返乡"，使农村就业结构发生了深刻变化，也为推动城乡融合、区域协同发展新格局做出了重要贡献。当前，突发的新冠肺炎疫情对农民工和农村就业带来冲击。农业农村部乡村产业发展司在深入调研基础上，分析当前农民工和农村就业面临的新形势，研究提出促进农民工和农村就业的政策措施。

一、我国农民工和农村就业演变过程及现状

农民工和农村就业是事关亿万农民生计和福祉的民生问题，也是事关经济社会全局的重大问题。农村改革激发了亿万农民的创造力，释放了农业发展的潜能。随着改革的不断深入，农村资源要素加快激活，农村劳动力加快流动，一批农村能人"洗脚上田"经商办企业，一大批农民就地或到城镇从事非农产业，形成蔚为壮观的打工潮，也成为中国经济发展的重要特征之一。农民工和农村就业的演变主要有以下几个阶段。

第一阶段，从务农农民转为本地务工农民（1978—1992年）。农村改革以后，农村劳动力逐渐出现富余，需要寻求新的就业门路。改革初期市场要素逐渐放活，一些有经营头脑的农民跳出"农门"，就地就近兴办"五小"工业，或从事农产品贸易，带动了乡镇企业"异军突起"。"离土不离乡、进厂不进城"的"兼业"状态，是当时农村就业的鲜明特征。据统计，1992年，本地农民工1.06亿。

第二阶段，从本地务工农民工转为本地与外出务工并存的农民工（1993—2000年）。随着社会主义市场经济体制的确立，城乡间、区域间、产业间资源要素加快流动，在乡镇企业吸收劳动力能力减弱的"推力"和城市及发达地区产业不断兴起的"拉力"双重作用下，大量农村富余劳动力外出务工，从农村"单栖"变为城乡"两栖"。"离土又离乡、进厂又进城"是当时农村就业新特征。据统计，2000年农民工已达1.28亿，其中外出农民工7 200万（图2-1）。

第三阶段，从外出务工农民工转为新生代农民工（2001—2011年）。最早外出务工的农民工，已有部分在城市安家落户，其子女就在城市上学就业。随着经济全球化快速发展，我国工业化城镇化快速推进，各类产业加快融入世界，全球供应链加快构建，一大批文化素质较高、掌握一定技能的新生代农民工成为产业工人。这一批新生代农民工未从事过农业生产，对农村缺乏依恋，基本融入城市生活，成为城市的新市民。据统计，

[①] 作者：陈建光、李春艳、梁漪，农业农村部乡村产业发展司

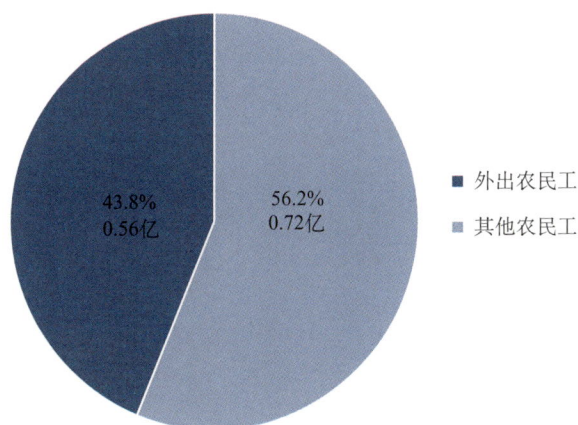

图 2-1　2000 年我国农民工数量占比情况

2011 年，农民工 2.53 亿，其中新生代农民工 8 487 万，占全部外出农民工总数的 58.4%。

第四阶段，从外出务工农民工转为返乡创业人员（2012 年之后）。党的十八大以来，农民工进入提高技能、融入城市和工业的市民化、职业化、创业化新阶段。**一方面**，以"80 后""90 后"为代表的新生代农民工大量投入新产业新业态。**另一方面**，一批批经过市场经济洗礼、工业化训练、信息化引领、城镇化熏陶的农民工，带着项目、技术、资金和营销渠道返乡创业。2019 年，返乡创业农民工累计达 590 万人，2020 年，受新冠肺炎疫情影响，上升至 710 万人（图 2-2）。

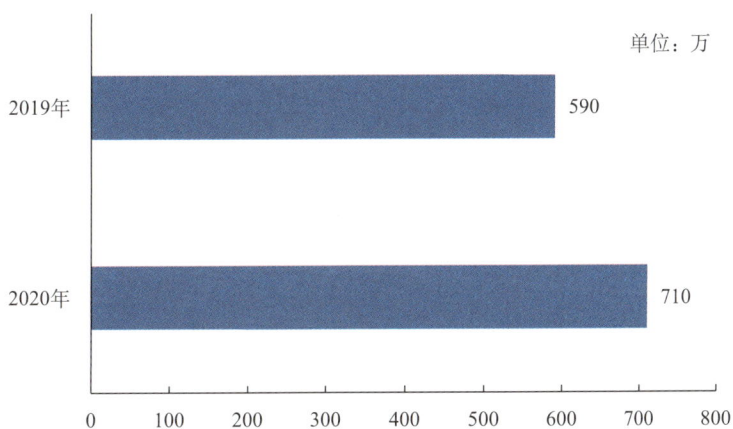

图 2-2　返乡创业农民工占比情况

目前，农民工和农村就业呈现良好发展态势。**一是规模不断扩大。**2019 年，我国农民工总量达到 2.91 亿人，比 2011 年增长 15%，比 2000 年增长 1.3 倍。这一庞大的群体，为我国现代化建设做出了重大贡献（图 2-3）。**二是素质不断提升。**2019 年，高中以上学历的农民工占比达到 27.5%，接受过职业技能培训的农民工达到 35.5%。这是一笔巨大的人口红利，为经济高质量发展提供充足的人力资源保障。**三是行业不断拓展。**2019 年，

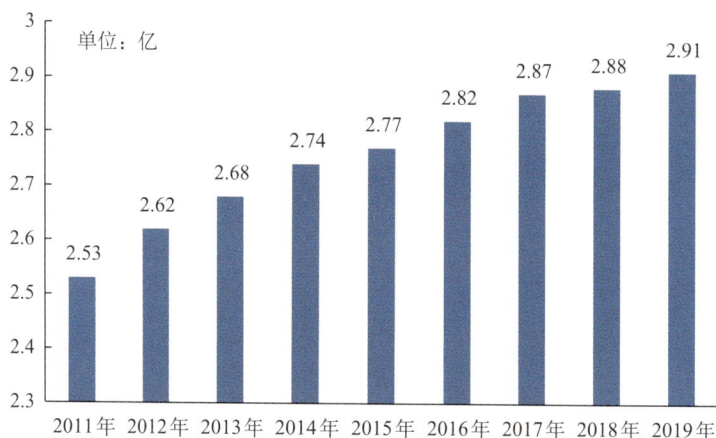

图 2-3　2011—2019 年我国农民工总数情况

农民工从事服务业的比重超过 50%，从原来制造业、建筑业为主转向餐饮住宿、休闲旅游、家政服务、美容美发、快递送餐等服务业为主。**四是返乡创业不断增加。**2019 年，返乡创业农民工比 2008 年增加 520 万人，年均增长 21%。**五是收入不断提高。**2019 年，农民工年均收入达到 4.75 万元，较 10 年前增长 3 万元，年均增长 10.8%，占农民人均收入 41%。

农民工和农村就业新格局，对经济社会发展发挥了重要作用。**一是走活了"三农"大棋局。**农民工走一户、"活"两户，返一人、带一村。目前，每年务工收入超过 13 万亿元，成为农民收入的重要来源。**二是提升了"中国制造"竞争力。**长三角、珠三角利用低成本的农民工，打造了"世界工厂""世界服务"格局，一些地方也建设了大型建筑、桥梁、隧道等"世界工程"，提升了"中国品牌"含金量。**三是促进了城市繁荣。**1 亿多外出农民工进城或跨区域务工，创造了价廉物美的商品和服务，活跃在城市的各行各业。**四是推进了城乡融合。**农民工就地异地就业、返乡就业创业，成为以工带农、以城带乡、以发达地区带动落后地区的有效形式，蕴含着深刻的城乡融合体制机制变革因素，成为城乡融合发展的重要动力。

二、当前农民工和农村就业存在的主要问题

从调研和基层反映看，当前农民工和农村就业面临不少困难和问题。

（一）就业稳定性依然较差

多数农民工学历较低，接受新事物较慢，仍只是低廉的劳动力，就业岗位专属性差、替代性强、流动性大，就业的稳定性不高，大多处在低端岗位。据监测，**从就业年限看**，2019 年，打零工的农民工占总数 8.1%，从业不足一年的占 26.4%，不足两年的占 43.8%。**从年龄段看**，"80 后"农民工稳定性比"90 后"的要强，有 65.5%的"90 后"新生代农民工在一年内从事过不同的职业。

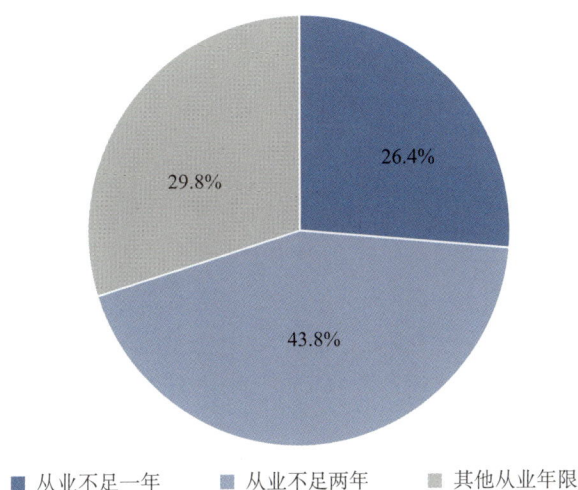

■ 从业不足一年　■ 从业不足两年　　其他从业年限

图 2-4　打零工的农民工群体从业年限情况

（二）权益保障明显不足

目前，农民工的社会保障问题仍然突出，在养老、疾病、工伤、失业、生育等方面获得的保障较少。据监测，2019 年，未参加城镇职工养老保险的农民工达 73%，未参加失业保险的达 85%，未参加医疗保险的达 74%，未参加工伤保险的达 68%。同时，农民工平均每周工作 6.3 天，每天工作 8.93 个小时。劳资纠纷、侵权情况时有发生。

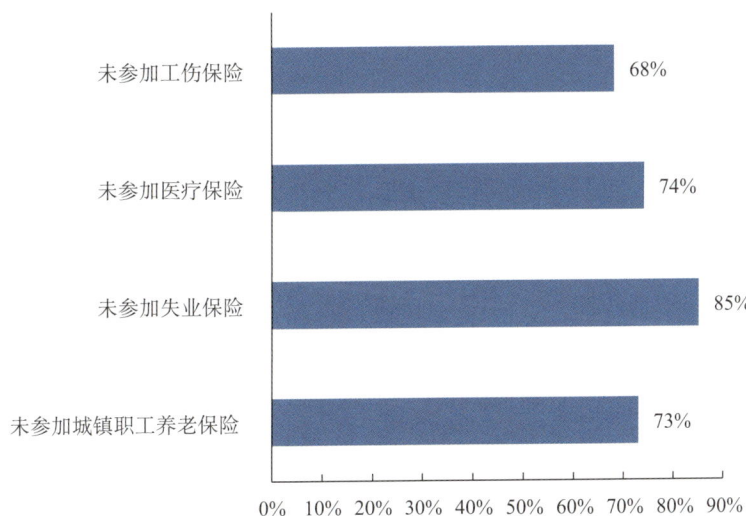

图 2-5　2019 年农民工参加城镇保险情况

（三）收入差距趋于扩大

目前，劳动力市场存在制度性分割，农民工和城镇职工工资决定机制不同。一方面，农民工收入偏低。2019 年，农民工月工资 3 962 元，不到城镇职工月工资的 65%。另一方面，支付不及时。由于农民工处于弱势地位，农民工工资被克扣、拖欠情况时有发生，一些农民工辛辛苦苦干一年还得"倒贴"吃住行费用。

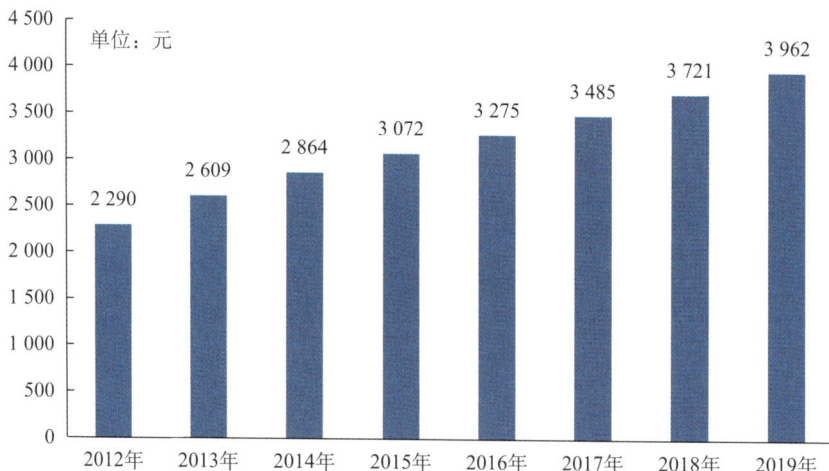

图 2-6　2012—2019 年我国农民工月人均工资情况

（四）返乡创业困难较多

农民工返乡创业面临项目难选、资金难筹、人才难聘、用地难拿、风险难控等问题。据调查显示，60%的返乡创业者缺乏信息和技术，80%的返乡创业者自筹资金捉襟见肘，30%的创业者招聘不到专业人才，30%的农民工创业找不到场所，10%的返乡创业者风险兜底援助少。

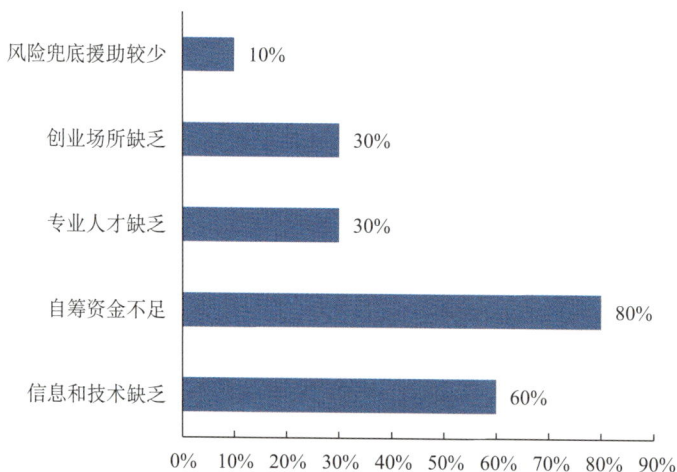

图 2-7　农民工返乡创业主要难题占比情况

（五）融入城市障碍较多

很多城市主要通过积分、嫁娶和体制内正式招工等方式落户。农民工流动性大、学历低、个人所得税缴纳少、嫁娶难，一般难以落户。由于户口限制，农民工子女在迁入地受教育成本大幅提高。农民工住房一般通过租房、工棚、集体宿舍等方式解决，面积偏小、设施简陋、安全性差。

三、各地促进农民工和农村就业主要做法

各地高度重视农民工和农村就业问题，采取了一系列措施。主要有：

（一）改善政策环境推动农村就业创业

各地在市场准入、财政补助、税费减免、创业担保、融资服务、用地用电等方面构建"政策链"。黑龙江、山东、广西、陕西等多个省区设置农民工就业创业专项资金，向返乡就业创业人员提供创业资助券、给予政策性贷款授信；河南推动"创业基金＋基地"；四川开展"园区＋小业主＋农户"；湖南鼓励"电商＋农户"等就业创业形式。

（二）加大基础设施建设推动农村就业创业

各地开展高标准农田、农田水利、宅基地整理、村庄整治、物流设施建设，吸纳农民工就业。有的地方通过"以工代赈"，组织返乡农民工参与村内道路、农村绿化等农村小型基础设施建设。很多地方通过设立产业基金，开展BOT（建设、经营、转让）和PPP（政府和社会资本合作），引导社会资本投入乡村，吸纳农民工返乡就业。更多的地方通过吸引房地产企业、龙头企业、网络企业和商务机构投资乡村，吸引农民工就业创业。湖北实施市民下乡、能人回乡、企业兴乡"三乡工程"，河南让"老乡"当"老外"、引"老乡"融"老外"，均取得良好效果。

（三）搭建平台载体推动农村就业创业

各地建立农民工信息台账、综合服务平台、农村就业创业服务指导中心，提供就业创业服务。不少地方开展相关行动，如江苏"候鸟回归"行动、浙江"农创客行动"、黑龙江"头雁工程"、贵州"留雁工程"和山东"雁归兴乡"等，促进返乡就业创业。辽宁、湖北、重庆等省市搭建用工信息平台，通过微信公众号、QQ群、自助查询终端等，"点对点"推荐岗位，提升人岗匹配率。

（四）开展技能培训推动农村就业创业

各地搭建农民工技能提升平台，开展定向、定岗、订单式就业创业技能培训。采取"理论授课＋现场实操"等方式，面对面教学、手把手传授，以提高针对性和实效性。河南实施农民工技能振兴工程，山西提供免费职业指导，协调多方牵线搭桥促进返乡就业创业。

（五）优化公共服务推动农村就业创业

各地不断强化公共服务，畅通劳务用工渠道，开展就业推荐、职业介绍、技能培训、劳动维权、子女就学等"一对一"就业帮扶。重庆设立农民工"办证绿色通道"，办理登记、政策咨询、创业辅导等便利服务。吉林建设"农村半小时就业服务圈"平台5 927个，覆盖率达 96.5%。

四、促进农民工和农村就业创业的政策措施

近年来，随着工业化城镇化的快速发展，特别是城乡融合发展格局的逐步形成，农民工和农村就业结构及趋势出现新的变化。**一是农民工选择县域或乡镇就业趋势明显。**城市工业转型升级，机器换人步伐加快，用工人数呈减少趋势。同时，受国际经济环境影响，外贸出口企业生产不饱和，用工减少。一些地方的农民工选择在"家门口"的中心镇和物流节点就业。**二是外出农民工回流中西部趋势明显。**东部地区腾笼换鸟，产业加快梯度转移，中西部地区就业岗位明显增多，吸纳更多农民工回流。目前，省内就业农民工占比为73.7%，比2008年提高6.9个百分点。其中，中部地区农民工省内就业占比提高10.4个百分点，西部提高13.4个百分点。**三是农民工返乡创业趋势明显。**乡村振兴战略加快实施，农村创业环境不断改善，吸引更多有一定资金、技术和经验积累的农民工返乡创业。

今后，要认真贯彻中央部署，以实施乡村振兴战略为总抓手，强化政策扶持，优化创业环境，加强指导服务，支持农民工和农村就业，为全面小康和乡村全面振兴提供有力支撑。重点是抓好"五个一批"：

（一）加强需求对接"转移一批"，促进农民工精准外出务工

目前，一大批农民工处于"乐业"在外、"安居"在家的状态，这是农民工的主体，也是农民工长期就业的形态。**一要强化农民工用工需求对接。**引导各地构建农民工公共就业信息和指导服务体系，设立农民工务工招聘专用场地，定期开展"春风行动""就业援助月""企业招聘周"活动，加强供需对接，实行实名求职登记、就业援助、人事代理、合同签订、保险缴纳等一条龙服务。**二是完善农民工权益保护政策。**积极整顿劳动力市场，规范农民进城务工和劳动力市场秩序，提高劳动合同签订率，引导农民工参保，提高社会保障对农民工的覆盖率，并逐步建立与农民工特点相适应的社会保障制度。**三是促进区域间产业梯度转移。**营造良好营商环境、创新创业环境和产业发展环境，吸引东部沿海地区产业梯度转移，将企业办在劳动力的"家门口"，促进有条件的地方建设以乡（镇）所在地为中心的产业集群，实现镇村联动发展和农民工返乡就业，变"人跑"为"产业跑"。同时，支持贫困地区富余劳动力外出就业，特别是务工收入占总收入比重较高的建档立卡贫困户，重点引导、稳定就业，巩固脱贫攻坚成果。

（二）发展乡村产业"就近就业一批"，促进农民工就地务工就业

目前，在县域内就业的农民工有1.17亿。随着乡村产业的发展，特别是一些龙头企业加工产能布局下沉，在中心城镇和物流节点就业的农民工逐渐增多。这也是农村就业的新特点。**一是多措并举发展乡村产业。**支持引导地方依托资源条件，积极发展乡村特色产业、农产品加工流通业、乡村服务业、乡村信息产业等，吸纳更多的农村富余劳动

力就地就近就业。**二是加强农村基础设施建设**。抓住国家补齐三农短板的机遇，加大投资力度，拓宽融资渠道，开展农田水利、村庄道路、农村人居环境等设施建设，支持农民就地务工参与工程建设。**三是拓展新型就业岗位**。开发乡村保洁员、水管员、护路员、生态护林员等公益性岗位，也可开发家政服务、物流配送、餐饮外卖、村组保安等市场化就业岗位。

（三）培育产业工人"稳定一批"，促进异地就业农民工职业化

目前，在东部沿海地区、大中城市开发区及高新技术产业园和工业园有 4 000 多万外出农民工，但仍然处于"钟摆"不稳定就业状态。重点是加强职业技能培训，提高这批农民工技能水平、稳固职业取向。要鼓励用工企业适应劳动力素质与技能要求日益提高的需要，以岗位需求为导向，采取课上课下、长训短训、集中分散相结合的方式，通过订单式、委托式培训，培养高素质、高技能、高专业性农民工，使其成为真正的产业工人。

（四）推进城乡融合"融入一批"，促进进城就业农民工市民化

目前，有 1.35 亿农民工长期在城市就业和生活，但仍未融入城市，成为真正的市民。重点解决三个问题：**一是完善社保和公共服务政策**。拆除隐形"篱笆墙"，降低落户"高门槛"，抹平城乡"鸿沟"，完善社会保险、子女教育和住房保障等制度，支持有一定积累且已经开始举家迁移的农民工平等享受公共服务，进而进城落户成为真正的市民。**二是推进城乡联动改革**。以户籍制度改革让农民工公平分享公共保障、以农村产业权制度改革让农民充分实现财产权利、以大中小城镇群让农民工拓宽选择空间，以提高城市包容度让农民工融入城市、促进城市引力和农村推力协同、就地市民化和异地市民化协同、城市安居乐业和融入城市社会协同。**三是保障农民工在农村的财产权益**。保障农民工土地承包权、宅基地使用权、集体经济分红权等权益，消除农民工市民化"后顾之忧"。

（五）完善配套政策"创业一批"，促进外出农民工返乡创业

农民工返乡创业成为新的趋势，也是乡村产业振兴的重要力量。要顺应这一趋势，集成政策、集合服务、集聚要素，引导返乡农民工顺畅创业、稳定创业。**一是完善返乡创业政策**。对符合条件的返乡留乡创业农民工，由县级财政从就业补助资金中给予一次性创业补助。返乡创业农民工创业担保贷款，按照对应的一定贷款额度给予全额贴息。鼓励金融机构扩大抵押物范围，适当下调贷款利率，增加返乡留乡农民工创业信用贷款和中长期贷款额度。鼓励保险公司为返乡留乡创业农民工提供贷款保证保险产品。**二是拓展农业内部创业空间**。通过农业外接市场、内聚要素、纵向延伸、横向拓展，裂变出新的环节和领域，引导返乡农民工在生产两端、农业内外和城乡两头创业。特别是要支持返乡创业农民工创办农产品储藏保险、分等分级、清洗包装、加工流通等农业延伸产业，领办农民合作社、农机社、经纪人等新型经营主体，兴办休闲旅游、健康养生、农村电商、直播直销等新产业新业态新模式。**三是加强返乡创业指导服务**。依托现有县乡服务资源，设立县乡创业服务窗口，提供"一站式""保姆式"服务。利用返乡创业园、创业孵化实训基地，组建创业专家团，提供低成本、全要素、便利化服务。对接各大商超和电商等线下线上平台，支持返乡农民工创办农村电商和直播直销等经营主题。

专题二 社会资本参与农村双创大数据研究报告 ①

摘要：工商资本下乡对促进乡村产业振兴有重要意义。为深入分析疫情影响下社会资本参与农村双创的现状和趋势，本报告利用工商注册大数据，从投资规模、区域分布及产业和行业分布等多个角度，对 2020 年社会资本参与农村双创情况进行分析。研究发现：新冠肺炎疫情暴发初期，社会资本下乡大幅下降，疫情受控缓解后，社会资本下乡动能复苏，大额投资较为谨慎，下乡资本投资第一产业形势良好，不同地区吸引的投资额差距明显，东部地区仍然最具吸引力。

一、研究背景

党的十八大以来，国家大力实施创新驱动战略，积极推动大众创业、万众创新，城乡交流日益密切，为农村双创提供了更多的机会、更好的要素和更大的舞台，推动形成了农村双创新热潮。其中，工商资本和社会资本下乡扮演着越来越重要的角色。农业农村部办公厅于 2020 年 4 月印发了《社会资本投资农业农村指引》（以下简称《指引》），指出社会资本要"多办农民'办不了、办不好、办了不合算'的产业，把收益更多留在乡村；多办链条长、农民参与度高、受益面广的产业，把就业岗位更多留给农民；多办扶贫带贫、帮农带农的产业，带动农村同步发展、农民同步进步"。有效激发了社会资本的动力和活力，引导社会资本有序投入农业农村，健全多元投入保障机制。为深入分析疫情影响下社会资本下乡的现状及趋势，本报告利用工商注册大数据，从投资规模、区域分布和产业及行业分布等多个角度对 2020 年社会资本下乡参与农村双创情况进行分析，试图为政策制定和企业投资提供决策参考。

二、研究方法

本报告数据来源为"天眼查"。对社会资本下乡主体的定义是"到农村地区投资设立企业的非农村地区企业法人"；对社会资本下乡投资额的定义是"社会资本下乡主体投资设立企业时的认缴金额"，即所设立企业的注册资本乘以社会资本下乡主体所持有的该企业股权占比。本报告所涉及的"企业"类型包括"有限责任""股份有限""外商投资"和"港澳台"。

为使分析结果更为准确，我们对数据进行清洗。具体过程如下：①筛选出当期所有县域及以下地区新登记注册企业中注册地址含有"乡或村"的企业，目的是确定投资在

---

① 作者：崔宇、毛盾、蒋悦、刘林，界面新闻 / 界面商学院
钱明辉、郭嘉璐，中国人民大学信息资源管理学院

乡下；②分析步骤①筛选出企业的股东信息，剔除掉全部由自然人设立的企业，得到股东中包含企业法人的企业，目的是确定投资来源"工商资本"；③进一步分析步骤②中筛选出企业的股东信息，查询企业法人股东的注册地址，剔除掉其注册地址含有"乡或村"的企业法人股东，目的是剔除农村本地投资。经过上述三个步骤得到的非农村地区企业法人股东，即被视为社会资本下乡主体。

由于数据可获得性的限制，我们研究的不足之处在于：第一，仅针对以独资和合资设立企业形式下乡的社会资本，不包括通过合作、联营和租赁等其他形式下乡的社会资本；第二，仅以社会资本下乡主体的认缴金额衡量投资额，无法与企业实际的项目投资金额完全等同。

三、具体分析

（一）社会资本下乡动能复苏，投资额下滑幅度较大

2020年，社会资本下乡主体数量为3.15万个，同比下降1.8%，较三季度末回落1.9个百分点。其中，一季度同比下滑18.8%，二季度同比增长9.7%，三季度同比增长2.5%，四季度同比下滑5.7%（图2-8）。

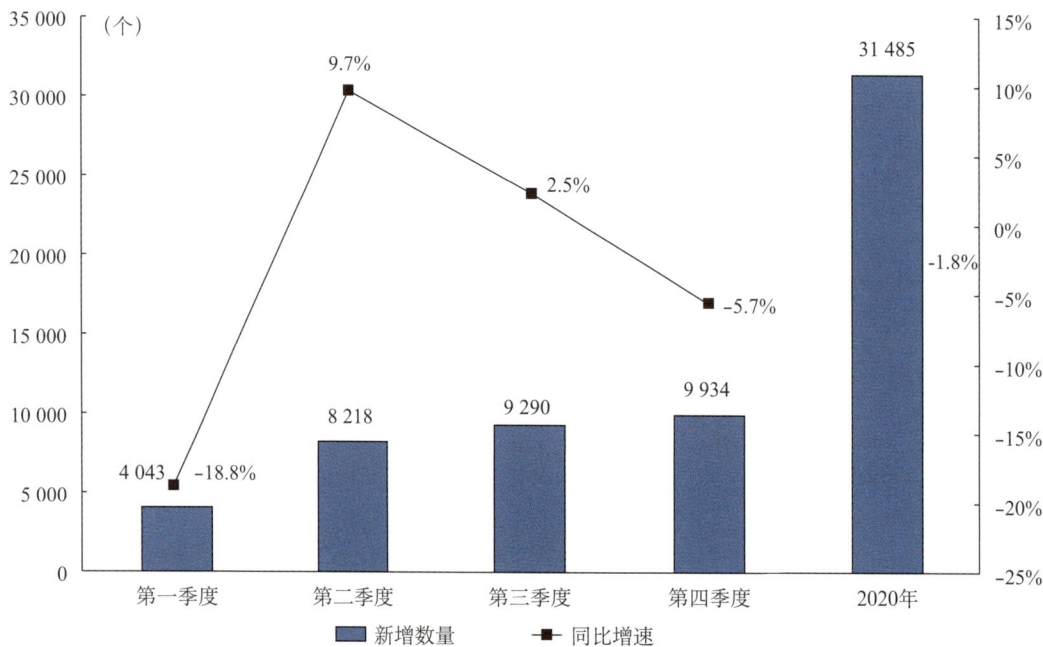

图2-8　社会资本下乡主体数量及同比增速

2020年，社会资本下乡主体投资设立的企业数量为2.63万个，同比下降2.2%，较三季度末回落4.5个百分点，其中第二季度同比增长12.2%，第三季度以来重回负增长，不过四季度降幅有所收窄（图2-9）。

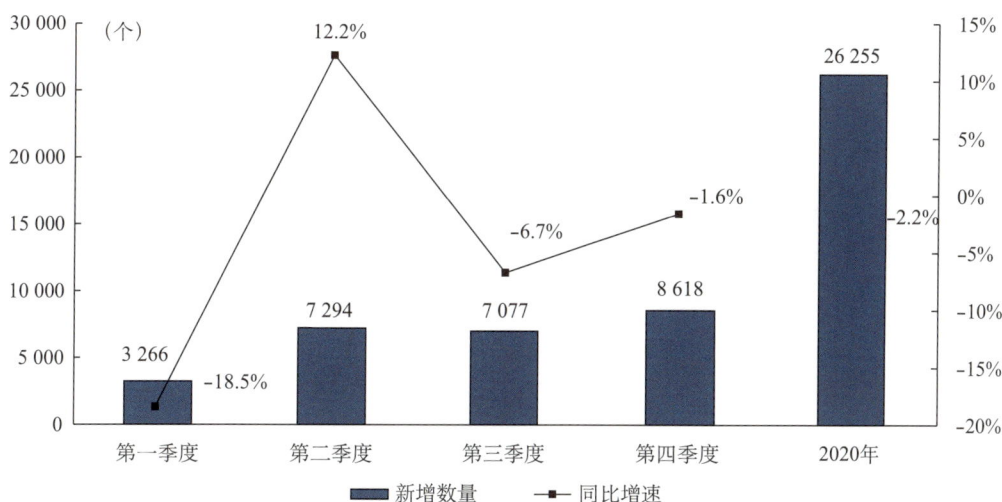

图 2-9 社会资本下乡主体投资设立的企业数量及同比增速

2020 年，社会资本下乡投资额为 5 412.7 亿元，同比下降 16.5%，降幅较三季度末收窄 3.1 个百分点（图 2-10）。

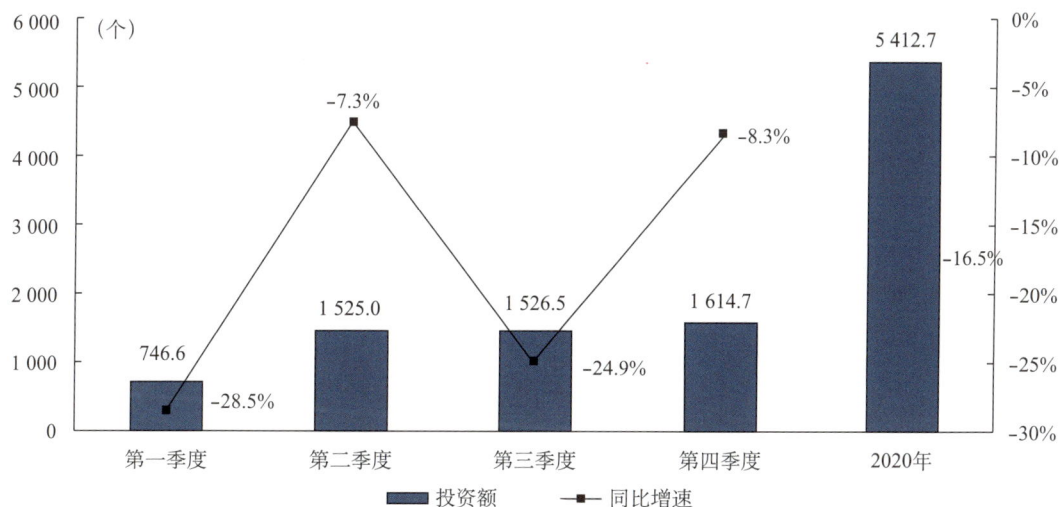

图 2-10 社会资本下乡投资额及同比增速

总体来看，随着疫情逐步缓解，社会资本下乡动能温和复苏，相比上年，社会资本下乡主体数量仅小幅下降，但投资额下滑幅度较大。

（二）近四成以独资形式"下乡"，大额投资较为谨慎

从社会资本下乡主体投资设立企业时所持有的股权占比来看，持股占比在 50% 及以上的社会资本下乡主体数量同比增长 4.6%，相比上年，占比上升 4.4 个百分点至 71.1%。其中，以独资形式设立企业的社会资本下乡主体数量同比增长 8.5%，相比上年，占比上升 3.7 个百分点至 38.2%（图 2-11）。

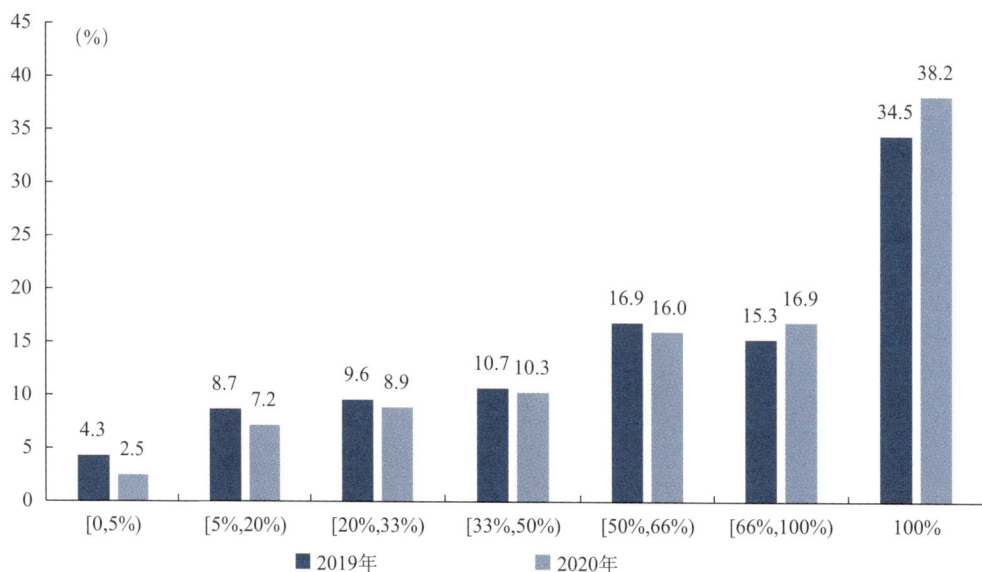

图 2-11　社会资本下乡主体投资设立企业时股权占比分布

从社会资本下乡投资额分布来看，投资规模在 1 000 万元（含）至 3 000 万元（不含）的社会资本下乡主体数量最多，且同比增速最快，同比增长 10.8%，相比上年，占比上升 2.1 个百分点至 18.4%；投资规模在 500 万元（含）至 1 000 万元（不含）的社会资本下乡主体数量同比增长 0.7%，相比上年，占比上升 0.3 个百分点至 14.0%（图 2-12）。

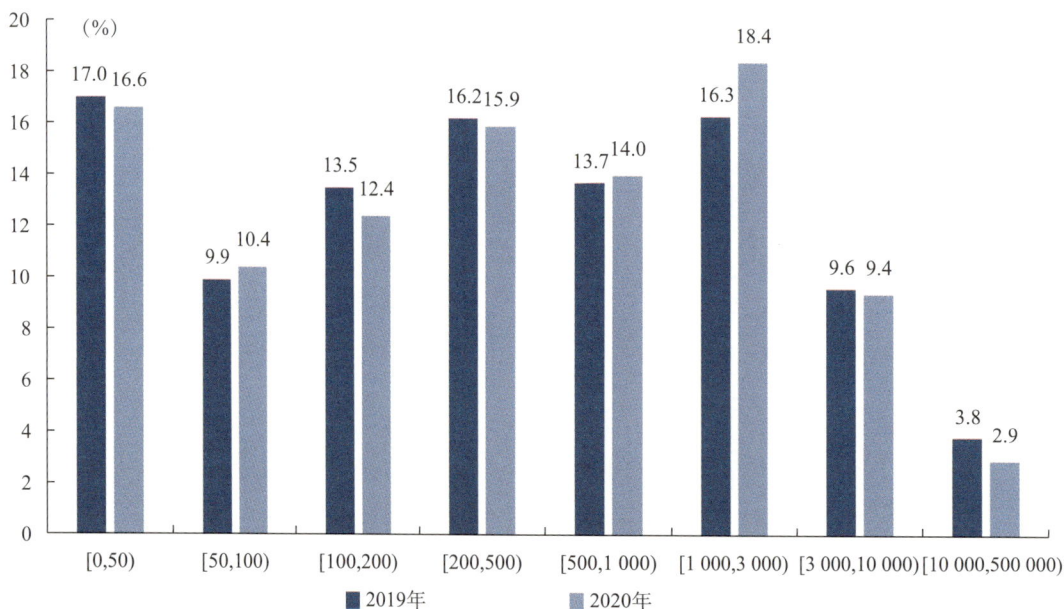

图 2-12　社会资本下乡投资额分布

投资规模在 1 亿元（含）以上的社会资本下乡主体数量降幅最大，同比下降 23.7%；

相比上年，占比下降 0.9 个百分点至 2.9%。投资规模在 3 000 万元（含）至 1 亿元（不含）的社会资本下乡主体数量也出现负增长，同比下降 3.5%；相比上年，占比下降 0.2 个百分比至 9.4%。

总体来看，近四成社会资本下乡主体以独资形式设立企业，但受疫情影响，进行大额投资的社会资本下乡主体数量降幅相对较大。

（三）下乡资本投资第一产业形势良好，投资额同比增幅超过 50%

2020 年，第一产业社会资本下乡投资额为 420.4 亿元，同比增长 52.8%；第二产业投资额为 1 385.5 亿元，同比下降 3.1%，其中第二季度和第三季度同比增速分别为 25.4% 和 6.2%，下降主要受一季度与四季度的投资下滑影响，第一季度和第四季度分别同比下滑 36.1% 和 14.3%；第三产业投资额为 3 606.8 亿元，同比下降 24.5%，降幅较三季度末收窄 7.3 个百分点（图 2-13）。

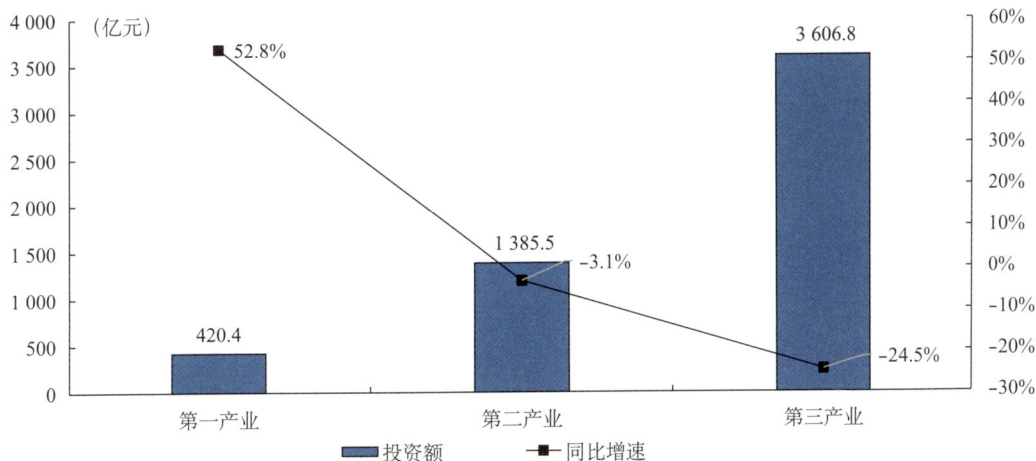

图 2-13　分产业社会资本下乡投资额及同比增速

社会资本下乡主体投资设立的企业数量也表现出类似的变化。具体来看，2020 年社会资本下乡主体在第一产业投资设立的企业数量为 1 832 个，同比增长 20.1%；在第二产业设立 4 873 个，同比增长 2.3%；在第三产业设立 1.96 万个，同比下降 4.9%。社会资本下乡主体投资设立的企业新增数量达到了 26 255 家，同比增速 −2.2%。在社会资本下乡主体投资设立的企业中，第三产业占比从上年的 76.6% 下降为 74.5%，而第一产业占比从上年的 5.7% 上升为 7.0%，第二产业占比从上年的 17.7% 上升为 18.5%。

（四）与其他民间资本相比，社会资本更偏好二三产业

与社会资本下乡不同的是，在农村地区新登记注册的所有创业主体中[①]，第一产业占

[①]　农村地区创业主体的定义为，当期新登记注册且注册地址含"乡或村"的经营主体。统计的创业主体类型为个体工商户、农民合作社和企业等三个大类，其中企业包括个人独资企业、有限责任公司、股份有限公司和合伙企业，不包括国有企业和外商投资企业等。

比相对较高，第二产业占比相对较小。具体来看，在第一产业新登记注册的创业主体数量增速最高，同比增长33.6%，占比为10.8%；在第二产业新登记注册的创业主体数量与上年相比小幅回落，占比为9.2%；而在第三产业新登记注册的创业主体数量同比增长4.0%，占比为80.0%（图2-14）。

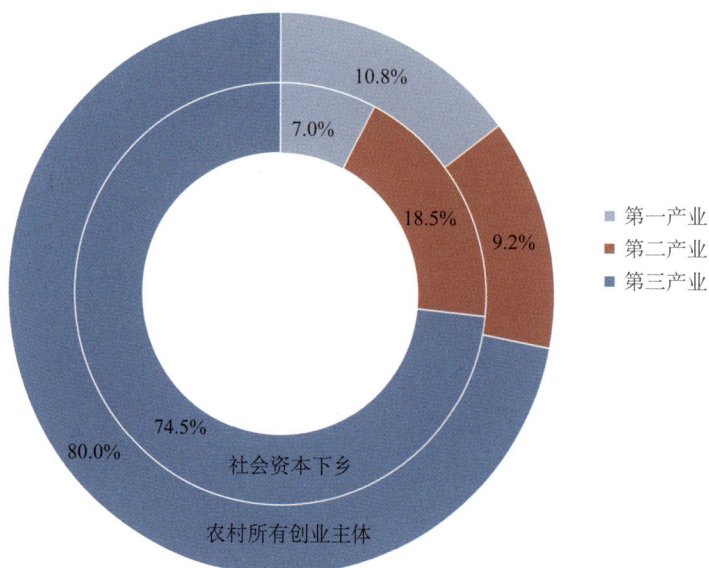

图2-14　社会资本下乡主体投资设立的企业及农村所有创业主体产业分布

可以看出，与其他农村创业主体相比，社会资本下乡主体相对更偏好投向二三产业，其中，在第二产业投资设立的企业占比达到18.5%，比农村地区整体水平高9.3个百分点。在一定程度上符合《指引》中的政策导向，社会资本要"多办农民'办不了、办不好、办了不合算'的产业"。从第二产业的细分情况来看，制造业在社会资本下乡主体投资设立的所有企业占比为7.9%，比农村地区整体水平高2.0个百分点；建筑业占比也相对较高，达到7.6%，比农村地区整体水平高4.2个百分点。

（五）六大行业投资额同比增长，重点行业表现参差不一

教育，农、林、牧、渔专业及辅助性活动，农、林、牧、渔业，建筑业，制造业，批发和零售业等六大行业吸引社会资本下乡投资额实现同比增长。其中，农、林、牧、渔业同比增长52.8%，制造业同比增长45.8%，教育同比增长42.1%。在农、林、牧、渔业中，林业表现突出，同比大幅增长1 470.4%。在制造业中，医药制造业、计算机、通信和其他电子设备制造业加速吸引社会资本下乡投资，分别同比大幅增长384.1%和345.3%（图2-15）。

居民服务、修理和其他服务业，电力、热力、燃气及水生产和供应业，租赁和商务服务业，信息传输、软件和信息技术服务业等吸引社会资本下乡投资额降幅较大，分别同比下降70.4%、66.5%、35.6%和30.7%。

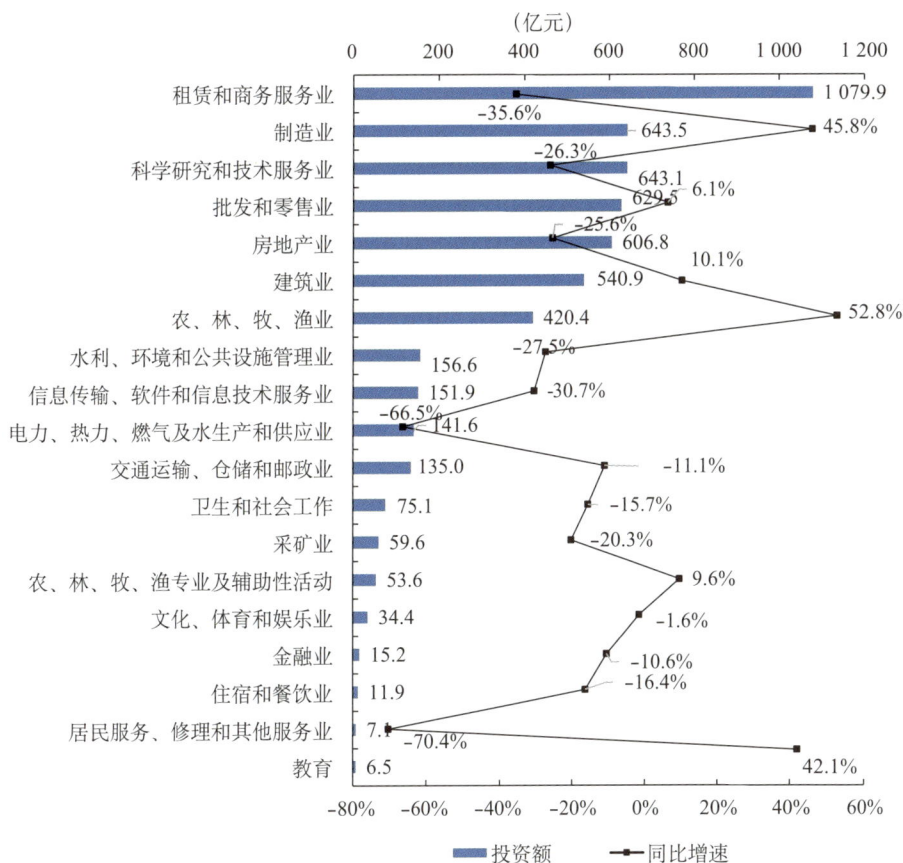

（亿元）

图 2-15　分行业社会资本下乡投资额及同比增速

从社会资本下乡主体投资设立的企业数量来看，其行业表现也呈相近走势，但有两点值得关注：第一，畜牧业和渔业企业数量增幅小于投资额增幅，表现为社会资本下乡主体投资信心较足，单个项目投资额相对较大；第二，租赁和商务服务业以及住宿和餐饮业的企业数量降幅远小于投资额降幅，可看出社会资本下乡主体仍在这些行业寻求投资机会，只是对大额资金投入信心不足。

为进一步研究社会资本下乡主体的行业投资偏好，我们根据《指引》挑选出鼓励社会资本投资的 20 个重点细分行业，与农村地区所有创业主体进行比较，有如下发现：

第一，20 个重点细分行业中，社会资本下乡主体投资设立的企业数量占比 54.8%，比上年高出 0.3 个百分点，比农村地区整体水平高 16.1 个百分点，可看出社会资本下乡主体投资偏好符合《指引》中提出的重点行业。

第二，社会资本下乡主体相对更偏好商务服务业、科技推广和应用服务业、研究和试验发展以及软件和信息服务业等，设立企业数量占比较高，且比农村地区整体水平分别高出 11.1、8.4、4.8 和 3.3 个百分点。

第三，在《指引》鼓励的重点细分行业中，相比上年，社会资本下乡主体投资设立的企业数量大都实现正增长，占比也有所提升，但商务服务业、科技推广和应用服务业以及软件和信息服务业数量和占比均出现下降，意味着虽然社会资本下乡主体相对更偏好这些行业，但2020年投资较为谨慎（表2-1）。

表2-1　社会资本下乡&农村地区所有创业主体重点细分行业分布

所属行业	社会资本下乡			农村地区所有创业主体
	2020年同比（%）	2020年占比（%）	2019年占（%）	2020年占比（%）
畜牧业	42.2	3.1	2.1	5.5
林业	4.8	0.3	0.2	0.3
农业	7.7	3.4	3.1	4.4
渔业	−5.1	0.2	0.2	0.6
农副食品加工业	23.3	0.5	0.4	0.6
道路运输业	16.2	2.2	1.9	3.3
科技推广和应用服务业	−15.2	9.5	11.0	1.1
研究和试验发展	8.7	5.4	4.8	0.6
专业技术服务业	55.0	1.3	0.8	0.2
农、林、牧、渔专业及辅助性活动	−19.0	2.8	3.4	0.7
生态保护和环境治理业	−19.4	1.1	1.3	0.1
社会工作	13.3	0.5	0.4	0.1
娱乐业	33.3	0.1	0.1	0.4
互联网和相关服务	60.4	0.3	0.2	0.2
软件和信息服务业	−9.8	4.4	4.8	1.1
餐饮业	25.9	0.7	0.5	11.5
住宿业	−7.8	0.2	0.2	0.5
租赁业	3.3	0.7	0.7	1.3
商务服务业	−4.5	17.1	17.5	6.0
教育	10.7	1.2	1.1	0.3

（六）不同地区①吸引的投资额差距明显，东部地区最具吸引力

从投资额来看，东部地区吸引的社会资本下乡投资额最高，为3 180.9亿元，同比下降10.7%；中部和西部地区分别为1 106.8亿元和923.6亿元，同比下降3.7%和38.4%；东北地区最少，为201.4亿元，同比下降26.5%（图2-16）。

分省来看，广东、河北和浙江吸引的社会资本下乡投资额位居前三位，分别为674.6亿元、483.1亿元和471.1亿元；有8个省市自治区实现正增长，其中，宁夏同比增速达到139.2%，安徽和上海同比增速分别为34.8%和34.2%（图2-17）。

---

① 根据国家统计局的分类，东部包括：北京、天津、河北、上海、江苏、浙江、福建、山东、广东和海南，中部包括：山西、安徽、江西、河南、湖北和湖南，西部包括：内蒙古、广西、重庆、四川、贵州、云南、西藏、陕西、甘肃、青海、宁夏和新疆，东北包括：辽宁、吉林和黑龙江。

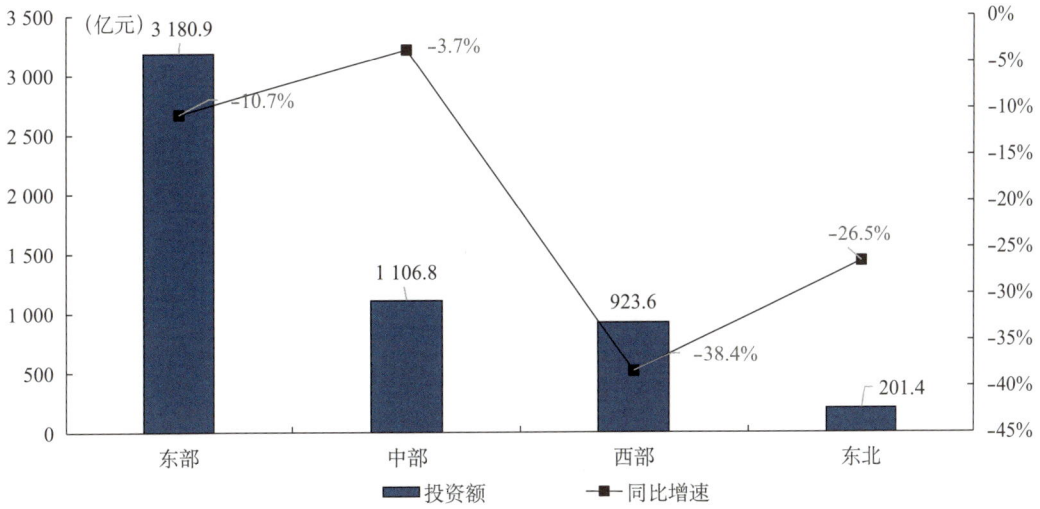

图 2-16　分地区社会资本下乡投资额及同比增速

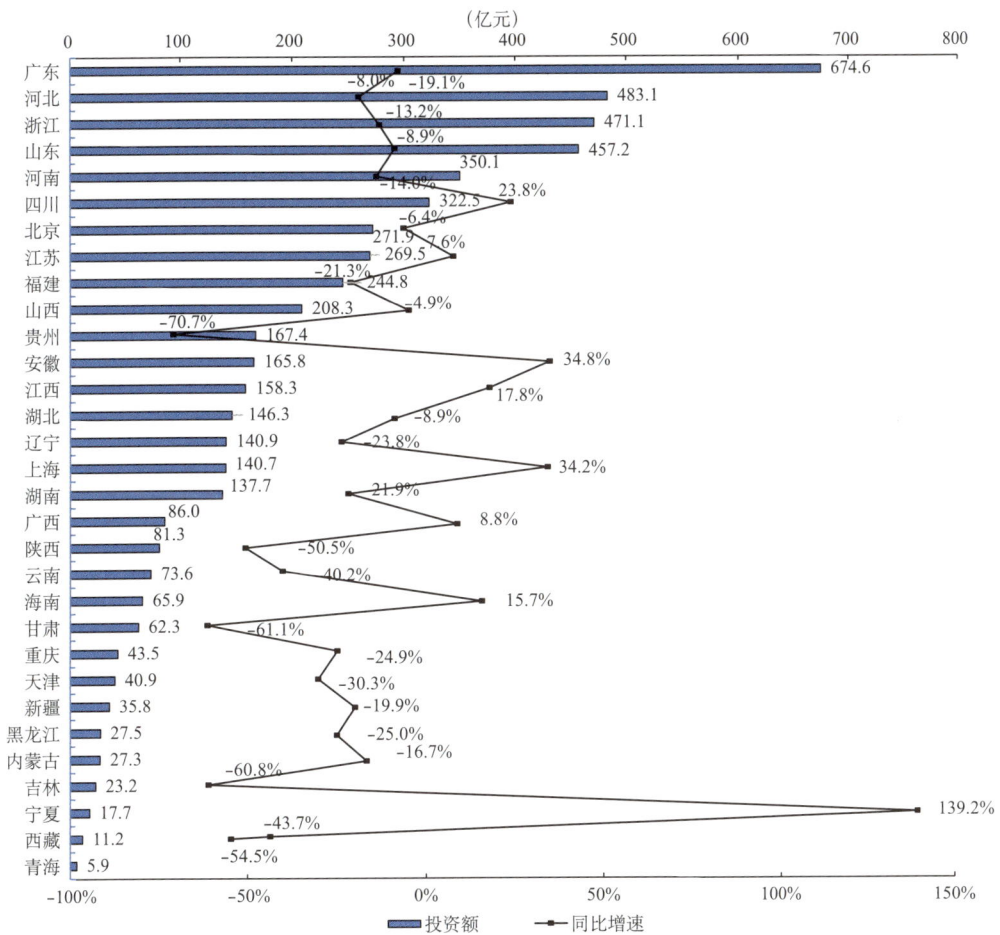

图 2-17　分省社会资本下乡投资额及同比增速

从社会资本下乡主体投资设立的企业数量来看，社会资本下乡主体在东部地区投资设立的企业为1.50万个，同比下降3.8%；中部地区次之，设立企业5 628个，与上年同期基本持平；西部地区设立企业4 647个，同比增长1.2%；东北地区最少，设立企业1 024个，与上年同期基本持平（图2-18）。

可以看出，社会资本下乡主体在中西部和东北地区并没有大幅放缓投资步伐，与上年相比，投资设立的企业数量基本持平，但投资额却出现较大幅度下滑，可看出具备一定规模的社会资本正谨慎投向中西部和东北等经济不发达地区。

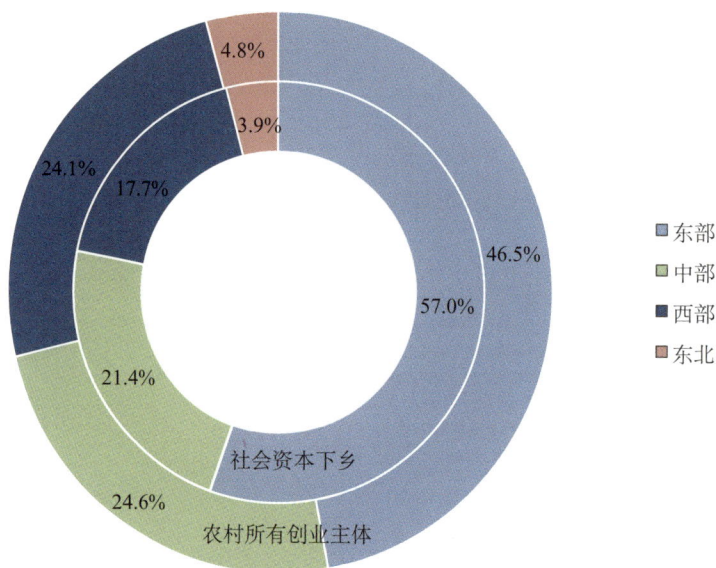

图2-18　社会资本下乡主体投资设立的企业及农村所有创业主体所在区域分布

为进一步研究社会资本下乡主体的区域投资偏好，我们与农村地区所有创业主体的区域分布进行了比较，有如下发现：第一，社会资本下乡主体在东部地区投资设立的企业占比为57.0%，比农村地区整体水平高出10.5个百分点，可看出社会资本下乡主体相对更偏好投向东部地区；第二，社会资本下乡主体在西部地区投资设立的企业占比为17.7%，比农村地区整体水平低6.4个百分点，可看出社会资本对西部地区偏好较弱。

四、政策建议

（一）提高政策前瞻性，熨平畜牧业周期波动

2020年，畜牧业社会资本下乡投资额及投资设立的公司数量同比大幅增长，这是应对肉类价格特别是猪肉价格上涨的积极信号。但是，随着产能逐渐从不足转向过剩，在肉类价格下降、饲料价格上涨的夹击下，养殖企业未来将面临较大经营风险。

对于社会关注程度较高的生猪行业来说，一方面，相关部门应鼓励和引导社会资本提升全产业链的机械化、智能化和网络化水平，提高养殖企业生产效率和抗风险能力；

另一方面，应动态监测生猪补贴政策实施效果，及时调整生猪补贴政策以熨平周期波动，避免对市场主体的决策释放错误信号。此外，还应加快推动生猪期货的上市，发挥期货的价格发现作用，降低相关从业者和投资者的决策风险。

（二）发展农产品加工业，夯实乡村振兴实业基础

尽管社会资本下乡主体相对更偏好投向第二产业，但从细分行业来看，社会资本下乡主体投资设立的所有企业中，制造业中农副食品加工业，木材加工和木、竹、藤、棕、草制品业，纺织服装、服饰业，纺织业，酒、饮料和精制茶制造业，橡胶和塑料制品业，家具制造业，食品制造业等农产品加工行业合计占比不足 2.5%。

因此，各级政府应通过财税、金融和土地等多种政策手段，充分挖掘各地特色优势，鼓励社会资本参与农产品加工业创业创新，提升行业集约化、标准化和智能化水平，夯实乡村振兴的实业基础，横向延伸农业产业链，将更多收益留在农村、留给农民。

（三）加大政策倾斜力度，针对性帮扶第三产业

2020 年，第三产业的社会资本下乡投资额下降幅度较大，其中，科技推广和应用服务业、商务服务业、公共设施管理业、生态环保和环境治理业和住宿餐饮业等较为突出。这些符合《指引》鼓励方向的行业，或者会以科技创新助力乡村振兴，或者吸纳就业能力较强，或者有利于补足农业农村长期发展的基础设施短板，尤其需要政策的针对性帮扶。

对于那些因为疫情影响出现暂时困难的行业，如住宿餐饮业，需要主管部门完善疫情防控指南，在做好疫情防控前提下尽快恢复发展；对于科技推广和应用服务业来说，由于其更多从事技术推广、科技中介和创业空间服务等，是农村双创的"中转站"，各级政府应该有的放矢进行重点调研和跟踪，找到制约行业发展的瓶颈和痛点；对于公共设施管理业、生态环保和环境治理业来说，则需要创新政府和社会资本合作模式，让社会资本投资可预期、有回报、能持续。

（四）挖掘地区优势，吸引社会资本落地生根

2020 年，农村地区整体双创形势稳中向好，但社会资本下乡投资动能相对偏弱。一方面，投资额在 3 000 万元以上的社会资本下乡主体数量同比出现负增长，另一方面，西部和东北等地吸引的投资额降幅较大，这意味着，在疫情常态化的大环境下，具有一定投资实力和投资规模的社会资本观望情绪依然浓厚，对西部和东北等经济不发达地区的风险偏好依然较低。

鉴于上述情况，各级政府除了要继续优化人员流动服务管理、进一步降低疫情对正常投资活动的负面影响，更重要的是要进一步优化营商环境，特别是西部和东北地区要主动作为主动出击，让社会资本通过多渠道了解当地的规划、环评、用地和财税等政策，形成稳定的政策预期。同时，要利用好不断增加的涉农财政资金，撬动更多更广泛的社会资本下乡，助力乡村振兴。

专题三　留守妇女创业就业心理与行为调查研究报告 [①]

摘要：本报告研究目的是调查在农村经济发展的进程中，农村创业创新的大潮对农村留守妇女就业带动情况。在实地调研与访谈基础上，本次调查还组织江苏、浙江、山东、河南、湖南、四川、贵州等地区开展农村创业创新对留守妇女就业带动情况调查。通过对1 150份农村妇女样本的分析，我们发现，留守妇女的就业与创业意愿都很高，且就业与创业特别是创业对留守妇女在职业行为、家庭行为与个人行为上的表现有较大的影响，具体表现为就业能提升留守妇女的自我价值感、生活满意度以及职业适应能力与职业精神。同时，我们从职业行为、家庭行为与个人行为三个方面分别提出了当前留守妇女在就业创业上存在的问题，并且提出政策策略与建议。

一、研究背景

（一）调研目的

农村留守妇女现象是我国经济社会发展中的阶段性现象，是城乡发展不均衡的客观反映。加强农村留守妇女关爱服务工作，关系到脱贫攻坚目标的实现，关系到乡村振兴战略的实施。党的十八大以来，广大妇女踊跃投身"大众创业、万众创新"浪潮中，在乡村产业发展等方面发挥重要主体作用。因此，本报告以期通过调查和比较她们在就业和创业诉求、就业和创业心理之间的联系和差别，发现阻碍农村留守妇女就业和创业的外部环境因素和内在个体因素，为各级行政管理部门更好地服务农村妇女提供有益的借鉴，更好地促进农村妇女事业的进步与发展。

（二）调研对象和方向

本次调研对象是江苏、浙江、山东、河南、湖南、四川、贵州等地区的农村妇女，并将农村妇女分为留守未就业、留守就业、留守创业、非留守未就业、非留守就业和非留守创业6大类。留守妇女是指农村中丈夫每年外出务工6个月以上，而留居家中的农村已婚妇女，且年龄小于60岁（不含60岁）。

重点从三个方向展开调查：一是外部因素，如就业条件、就业机会；二是内部因素，如就业诉求、就业能力等；三是职业行为、家庭行为与个人行为三个方面对留守妇女就业的影响。

（三）调研组织与实施

为确保研究的科学性和严谨性，本次调研采用了线下深度访谈和线上问卷调查相结合的方式。

---

① 作者：廖江群、马欣然、曹洋，清华大学社会科学学院

（1）深度访谈。分别以就业的留守妇女、未就业的留守妇女以及留守妇女的婆婆和丈夫为访谈对象，对各县推荐的代表进行一对一深度访谈，共计完成访谈个案 19 例。此外，在地方妇联的协助下，召集农业、民政、人社、工商信息等相关涉农部门及农村创业企业、当地乡镇干部参加座谈会 2 场。

（2）线上问卷。以前期深度访谈的结果为依据，结合成熟的组织心理学相关量表，编制了《农村女性创业就业心理特征问卷》，借助全国妇联的工作平台，通过工作群线上问卷填写通道，及互联网大数据平台自动搜集数据，开放时间 7 天，共收集到 4 452 个有效样本，符合研究需求的样本共 4 293 个，其中，留守妇女 1 122，非留守妇女 3 171 个。

（四）测量工具

心理与行为的测量从个体行为、家庭行为与职业行为三个方面进行。所有的测量工具（见附件 2）均采用李克特 7 点量表评分，统计分析采用平均分数，得分越高代表该项指标的心理水平越高。为了提高问卷填答质量，控制填答时长，施测时采用 AB 卷进行，A 卷测量个体行为与家庭行为，B 卷测量职业行为。

（五）调研概述

研究报告包含两部分：第一部分是对农村留守妇女就业创业的基本情况调查，包含数据分析与人口学信息、农村留守妇女的就业与创业诉求。第二部分是对农村留守妇女就业创业的心理特点分析，包含留守妇女就业创业的职业行为分析、留守妇女的家庭行为分析、留守妇女的个体行为分析。

为了表现留守妇女的特点，所有统计分析均显示了留守妇女与非留守妇女的对照分析。

（六）结论概要

（1）未就业的妇女有较强的就业意愿，特别是留守未就业的妇女。

（2）没有所需技术、需要照顾家庭和文化程度不高是农村未就业妇女的主要就业障碍。

（3）家政服务和食品餐饮技能是农村妇女需求最普遍的就业技能。

（4）管理能力、沟通能力和财务能力是农村创业妇女普遍需要培训的能力。

（5）在农村发展创业创新，鼓励更多农村女性投身创业，能够维护留守农村女性的尊严与提高生活质量。

二、农村留守妇女就业创业的现状分析

（一）区域经济与农村留守妇女就业情况分析

1.样本的基本情况分析

留守与就业。根据留守及就业情况，将符合本次研究需求的参与者分为留守未就业、就业与创业，为了进行对照分析，同时划分出非留守未就业、就业与创业，各类占比如

图 2-19 所示。

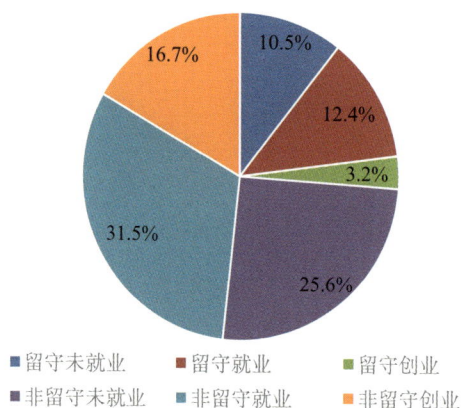

图 2-19　留守与就业情况

人口分布。总体样本的年龄在 18～72 岁之间，平均年龄为 42.30 岁 ±8.13 岁。各类
妇女的年龄、学历、家庭年收入等情况如表 2-2 所示。

表 2-2　参与者的学历、年龄和家庭收入

		留守未就业	留守就业	留守创业	非留守未就业	非留守就业	非留守创业
学历	没上过学	0.4%	0.4%	0.0%	0.8%	0.1%	0.0%
	小学	8.2%	4.3%	4.4%	6.8%	3.1%	1.8%
	初中	58.8%	38.5%	20.4%	52.0%	34.5%	27.7%
	高中/中专	30.8%	44.8%	40.9%	37.9%	45.2%	39.9%
	大学（大专/本科）	1.8%	11.6%	34.3%	2.4%	16.9%	30.0%
	研究生及以上	0.0%	0.4%	0.0%	0.1%	0.2%	0.6%
年龄	平均值	40.17	39.82	40.9	44.71	41.96	42.66
	25 岁及以下	2.4%	1.5%	0.7%	1.0%	1.5%	0.4%
	26～35 岁	30.1%	32.0%	27.9%	16.3%	22.9%	17.4%
	36～45 岁	38.9%	41.2%	41.2%	35.0%	39.4%	46.6%
	46～55 岁	25.9%	24.2%	28.7%	36.8%	32.4%	33.2%
	56～65 岁	2.7%	1.1%	1.5%	10.7%	3.8%	2.4%
	66 岁及以上	0.0%	0.0%	0.0%	0.2%	0.0%	0.0%
家庭年收入	平均值	4.04	6.05	11.45	4.14	6.86	16.45
	1 万元及以下	13.0%	5.8%	5.1%	14.2%	5.1%	2.5%
	1 万～3 万元	39.8%	31.6%	13.1%	42.1%	24.9%	13.9%
	3 万～5 万元	29.5%	25.4%	25.5%	23.7%	25.7%	16.3%
	5 万～7 万元	7.4%	9.0%	4.4%	6.8%	9.9%	5.2%
	7 万～10 万元	8.5%	21.1%	27.7%	10.8%	23.0%	25.8%
	10 万元以上	1.8%	7.1%	24.1%	2.4%	11.4%	36.4%

地域分布。样本的地区来源分布如图 2-20 所示，参与者分别来自东、中、西部共 22 个省、市和自治区。

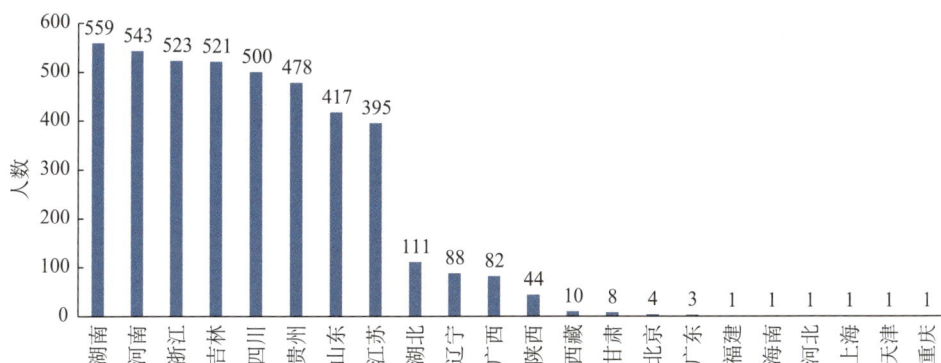

图 2-20 样本来源分布

2.区域经济与留守妇女就业

2019 年各省人均 GDP 和各省未就业妇女的对比如表 2-3 所示，相关分析发现，各省的经济发展情况和其农村妇女未就业占比无显著关系，$r = -0.19$，$p = 0.398$（r 留守未就业 $= -0.34$，p 留守未就业 $=0.123$；r 非留守未就业 $= -0.04$，p 非留守未就业 $=0.849$）。未排除各省样本量的影响，保证结果的稳定性，进一步使用包含超过 30 个样本的省份进行分析（$N = 12$），结果发现，经济发展与未就业占比呈显著的负相关，即经济越发达的省份，未就业妇女的占比越低，$r = -0.66$，$p =0.020$。这一关系在非留守妇女中更加明显（r 留守未就业 $= -0.45$，p 留守未就业 $=0.145$；r 非留守未就业 $= -0.63$，p 非留守未就业 $=0.028$）。

表 2-3 各省人均 GDP 与未就业妇女占比

	人均 GDP（元/人）	未就业	留守未就业	非留守未就业
北京	164 220	75.0%	0.0%	75.0%
福建	107 139	0.0%	0.0%	0.0%
甘肃	32 995	62.5%	37.5%	25.0%
广东	94 172	33.3%	33.3%	0.0%
广西	42 964	35.4%	8.5%	26.8%
贵州	46 433	24.7%	9.6%	15.1%
海南	56 507	0.0%	0.0%	0.0%
河北	46 348	0.0%	0.0%	0.0%
河南	56 388	44.0%	16.2%	27.8%
湖北	77 397	31.5%	11.7%	19.8%
湖南	57 540	37.4%	12.9%	24.5%
吉林	43 475	60.8%	11.7%	49.1%
江苏	123 607	18.2%	6.6%	11.6%

（续）

	人均GDP（元/人）	未就业	留守未就业	非留守未就业
辽宁	57 191	37.5%	8.0%	29.5%
山东	70 653	37.9%	6.7%	31.2%
陕西	66 649	18.2%	0.0%	18.2%
上海	157 275	0.0%	0.0%	0.0%
四川	55 774	47.0%	16.8%	30.4%
天津	90 371	0.0%	0.0%	0.0%
西藏	48 902	60.0%	0.0%	60.0%
浙江	107 624	16.1%	3.1%	13.0%
重庆	75 828	0.0%	0.0%	0.0%

（二）农村留守妇女就业与创业诉求

1.就业诉求

就业意愿。在留守未就业的妇女中，有就业意愿的占92.0%；在非留守未就业的妇女中，有就业意愿的占81.1%。虽然两类未就业的妇女都有较强的就业意愿，但非留守未就业的妇女的就业意愿仍低于留守未就业的妇女（$t(1551) = -5.42, p < 0.001$）（图2-21）。

就业阻碍。首先，留守和非留守未就业妇女的就业障碍主要都是没有所需技术、需要照顾家庭和文化程度不高。这说明，自身能力问题和家庭负担是农村未就业妇女的主要就业障碍，鼓励其就业，应一方面加强工作相关技能培训，一方面帮助其解决家庭负担。

其次，对比来看，家庭的阻碍对留守妇女更大，而这也是其主要的留守原因。而丈夫的阻碍在非留守妇女中比在留守妇女中更明显。这说明，在帮助农村未就业妇女解决家庭负担时，对于留守妇女应注重如何减轻其照顾家庭的负担，而对于非留守妇女还要注意如何改变其丈夫的观念。

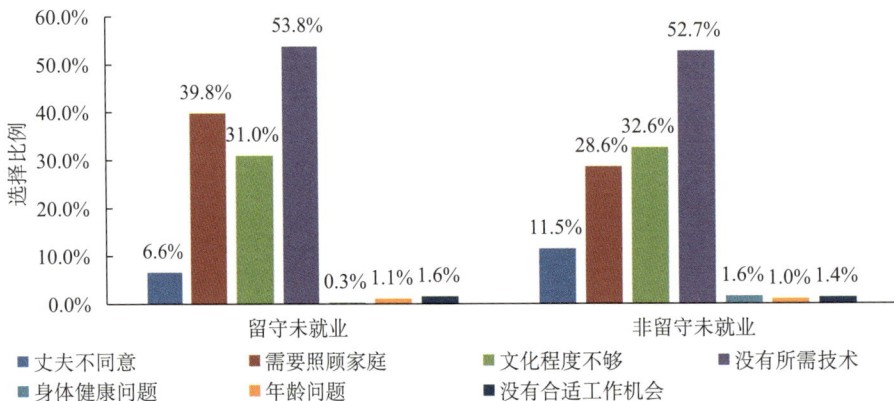

图2-21　未就业妇女的就业阻碍

就业动机。从选择比率（图 2-22）和排名（图 2-23）来看，挣钱、体现自我价值和提升自信是各类农村妇女主要的就业动机。根据马斯洛需求层次，分别属于安全需要、自我实现需要和尊重需要。具体来说，从选择比率上看，挣钱是未就业妇女（包括留守和非留守）最普遍的动机，体现自我价值是就业妇女（包括留守和非留守）和创业妇女（包括留守和非留守）最普遍的动机。从排序名次来看，挣钱是未就业妇女和就业妇女最重要的动机，体现自我价值是非留守创业妇女最重要的动机，留守创业妇女同时看重体现自我价值和挣钱。

2.工作条件诉求

总的来看，工作的外部条件（离家近、时间灵活、工作环境整洁）、发展前景（升职加薪、工作可以长期稳定）和功利条件（待遇好、付出回报等比）是参与者较为看重的工作条件（图 2-24）。具体来看，未就业妇女（包括留守和非留守）最看重的是工作的外部条件，就业妇女（包括留守和非留守）最看重的是工作的发展前景，留守创业妇女最看重的是发展前景和功利条件，非留守创业妇女最看重的是工作是否符合自己的兴趣。

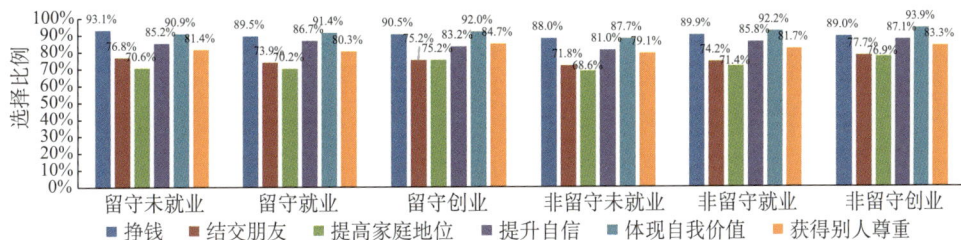

图 2-22 就业动机（选择比率）

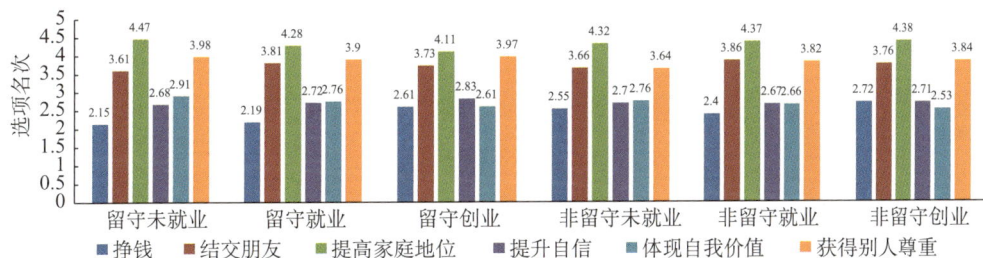

图 2-23 就业动机（排名）

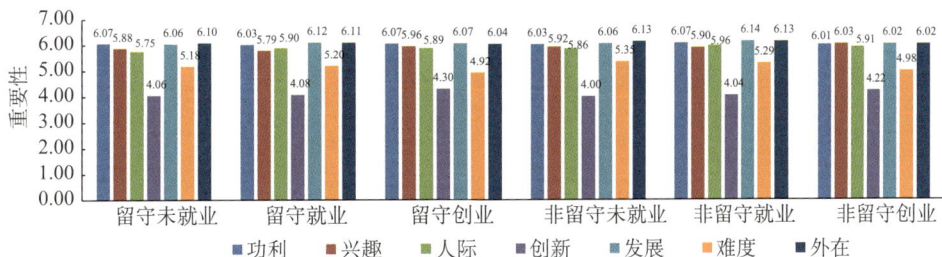

图 2-24 工作条件重要性

3.工作技能诉求

技能诉求。 农村妇女均普遍需求家政服务和食品餐饮技能。此外，留守未就业妇女还普遍需要手工技艺，而非留守未就业妇女还普遍需要农业技能，就业妇女（包括留守和非留守）还普遍需要计算机技术（图2-25）。

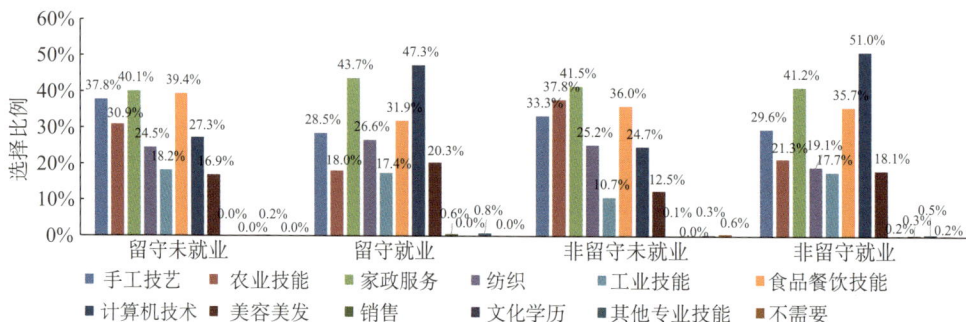

图 2-25　就业技能诉求

技能学习意愿。 96.01%的未就业妇女和97.66%的就业妇女都希望学习自己所需的技术，但在非留守妇女（包括未就业和就业）中不愿意学习的占比（3.38%）大于留守妇女（2.34%），$\chi2(3) = 18.92$，$p < 0.001$。

进一步对其不愿意学习的原因进行分析，结果发现（图2-26），对于各类妇女而言，担心影响照顾家庭是不愿学习的最主要原因。非留守就业的妇女中，不需要和担心影响工作也是其不愿意学习的主要原因。此外，担心学不会也是各类妇女不愿意学习就业技能的普遍原因。这一结果提示我们，为了进一步增强农村妇女的学习意愿，弥补其就业时的技能短板，在为其提供培训帮助时，应注意配合其照顾家庭的需要。同时，也要帮助其树立学习的自信心和效能感，鼓励其学习必要技能。

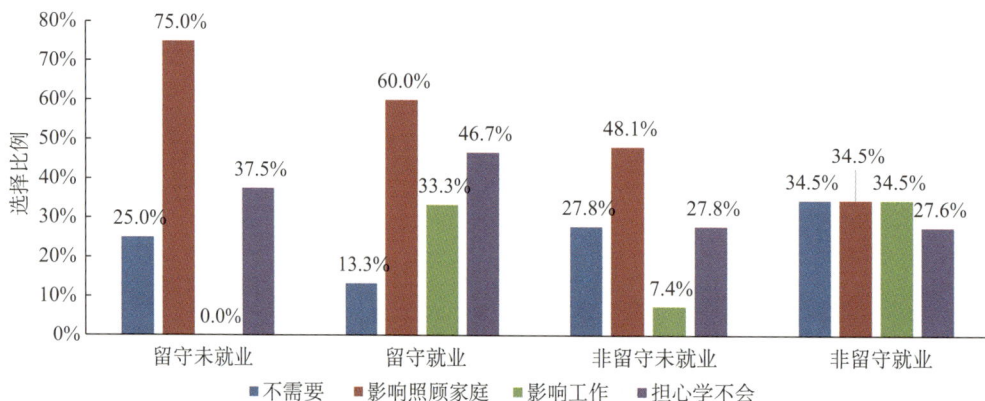

图 2-26　不愿意学习就业技能原因

技能学习渠道。 总体来看，目前各类农村妇女主要都是通过政府部门组织和自学来学习所需就业技能（图2-27）。

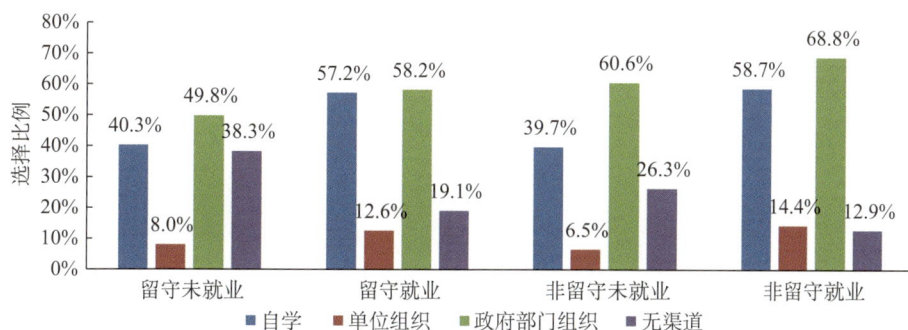

图 2-27　技能学习渠道

4.创业诉求

创业原因。解决自身就业问题和获得财富是农村妇女（包括留守和非留守）创业的主要原因（图 2-28）。

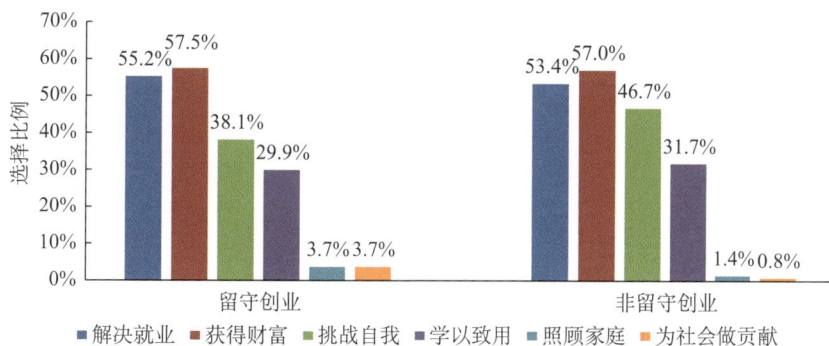

图 2-28　创业原因

创业阻碍。缺少创业资金和个人能力不足是农村妇女（包括留守和非留守）创业过程中遇到的主要困难（图 2-29）。

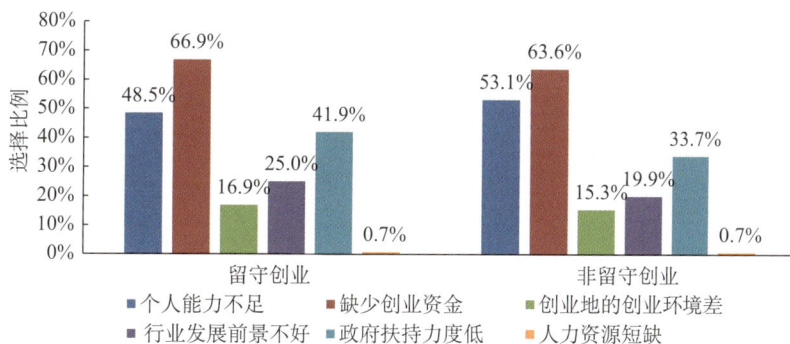

图 2-29　创业阻碍

创业想法。农村妇女创业信息和想法主要来源自身工作经验。此外，他人的信息、知识和经验等是留守创业妇女的另一主要想法来源，网络是非留守创业妇女的另一主要想法来源（图 2-30）。

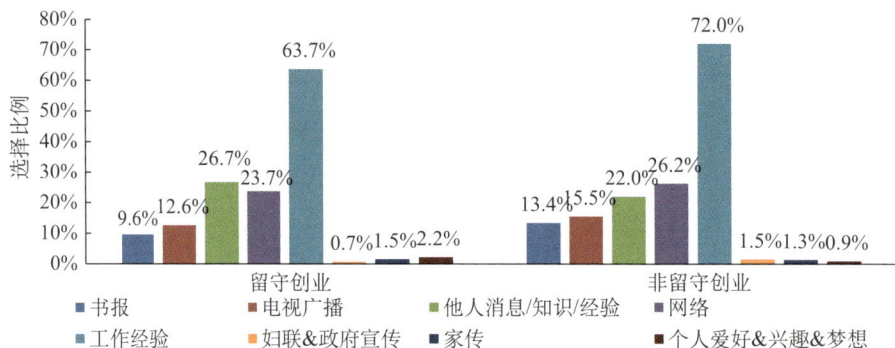

图 2-30　创业想法来源

创业能力培训诉求。管理能力、沟通能力和财务能力是农村妇女（包括留守和非留守）普遍认为自己在创业过程中需要培训的能力（图 2-31）。而农村妇女主要是通过自学和培训来提升这些所需能力（图 2-32）。此外，留守创业妇女没有渠道学习这些技能的占比更高，因此要进一步拓宽留守创业妇女的技能学习渠道，以更好地促进创业。

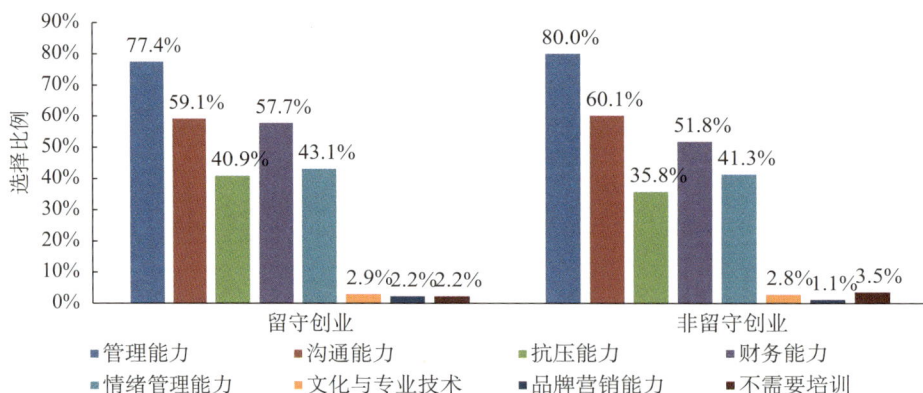

图 2-31　创业能力诉求

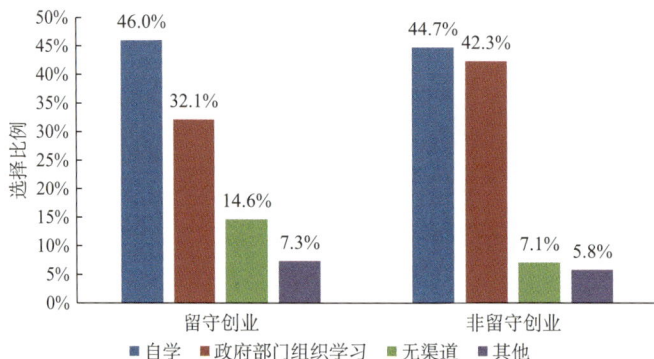

图 2-32　创业能力培训渠道

三、农村留守妇女就业创业的心理与行为分析

党的十九大报告指出："中国特色社会主义进入了新时代"。新时代的女性呈现新风貌。女性作为农村社会主体的主要参与者，以爱国奋力、爱岗敬业、敬老护幼等实际行动弘扬自尊、自信、自立、自强的"四自"精神，撑起经济社会发展的"半边天"。我们以此作为指导方针，反映留守妇女就业与否（含留守妇女的自主创业）对个人成长、家庭生活、就业与职业的认知与态度，以及自我价值感的影响。各项测量分布在A、B问卷中，具体样本量如下所示：

第一部分为职业行为分析，共收集有效样本 2 172 份，其中留守未就业妇女 219 份，留守就业妇女 281 份，创业妇女 71 份，非留守未就业妇女 552 份，非留守就业妇女 683 份，非留守创业妇女 366 份。

第二部分为家庭行为分析，共收集有效样本 4 293 份，其中留守未就业妇女 452 份，留守就业妇女 533 份，创业妇女 137 份，非留守未就业妇女 1 101 份，非留守就业妇女 1 351 份，非留守创业妇女 719 份。

第三部分为个体行为分析，共收集有效样本 2 121 份，其中留守未就业妇女 233 份，留守就业妇女 252 份，创业妇女 66 份，非留守未就业妇女 549 份，非留守就业妇女 668 份，非留守创业妇女 353 份。

（一）职业行为分析

在职业行为方面，分析了四项与组织行为相关的指标，即心理资本、工作家庭中心度、心理契约、工作家庭平衡。它们反映留守女性在职场适应、职业精神，以及处理工作与家庭的关系上的表现。留守及非留守妇女在这四项的得分如图 2-33 及图 2-34 所示。

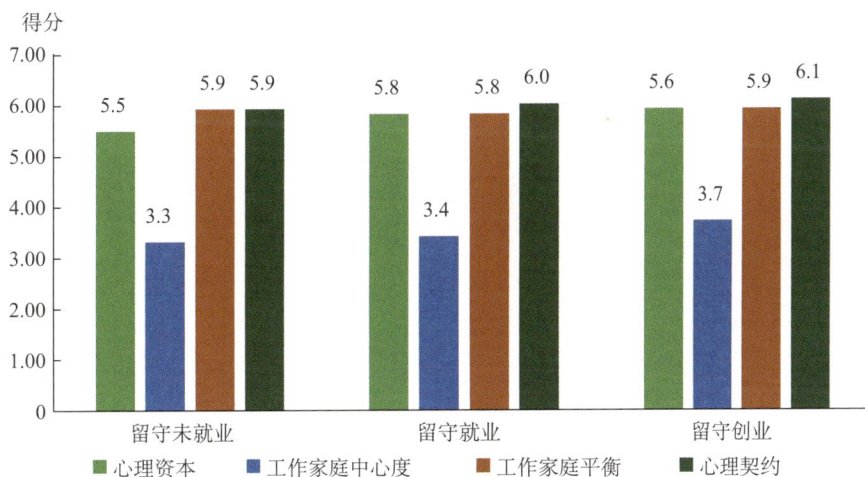

图 2-33　留守妇女的就业创业情况在职业行为上的表现

如图 2-33 所示，留守妇女在这四项指标上的得分受就业状态影响。不同就业状态在

心理资本上的差异显著（$F = 5.803$，$p < 0.01$），在心理契约及工作家庭中心度上没有显著差异，这表明就业与创业的留守妇女在心理资本上显著高于未就业者，创业者心理资本得分最高，体现了就业创业对留守妇女的积极影响。而她们不论是否就业/创业，都认为应当平衡工作与家庭的关系。

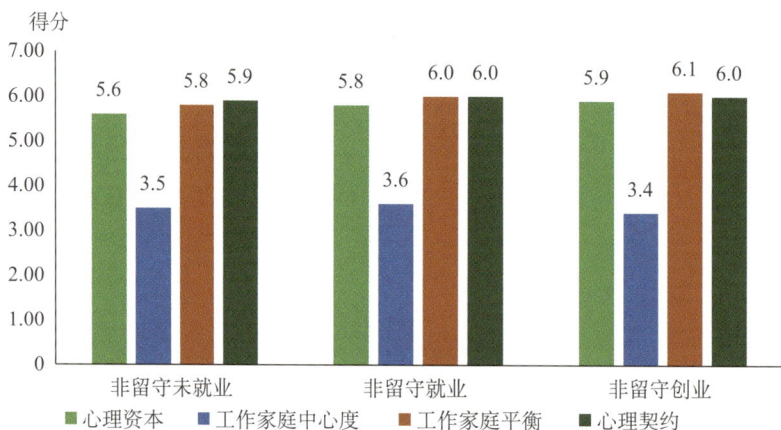

图2-34　非留守妇女的就业创业情况在职业行为上的表现

如图2-34所示，非留守妇女在四项指标上的得分同样也受就业状态影响。不同就业状态在心理资本、心理契约维度及工作家庭平衡的差异显著（$F = 13.351$，$p < 0.001$；$F = 5.091$，$p < 0.01$；$F = 6.073$，$p < 0.01$），这表明就业创业的农村妇女职业适应能力更强，有更好的工作能力；她们在工作家庭平衡上的得分差异显著，就业女性对工作更加看重，而创业女性则更加兼顾家庭，工作中心度较低，更倾向于在生活中平衡工作与家庭的关系。

整体来看，留守与非留守对农村妇女的职业行为有显著影响（图2-35），非留守妇女

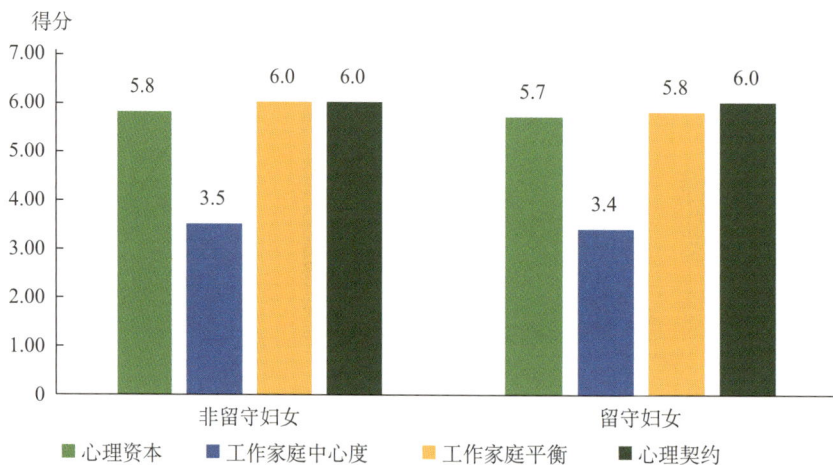

图2-35　非留守与留守妇女的职业行为表现比较

在心理资本（$F = 2.995$，$p = 0.084$)与工作家庭平衡（$F = 5.436$，$p < 0.05$)的得分皆高于留守妇女，这表明非留守妇女的职业适应能力更强，且更加关注如何在工作与家庭中取得平衡。

（二）家庭行为分析

在家庭行为方面，分析了三项与家庭行为相关的指标：即生活满意度，婚姻满意度，考虑到留守妇女在家承担照顾一家老小生活的重担，还分析了她们的压力指数。留守及非留守妇女在家庭行为与压力各个维度的得分如图 2-36 及图 2-37 所示。

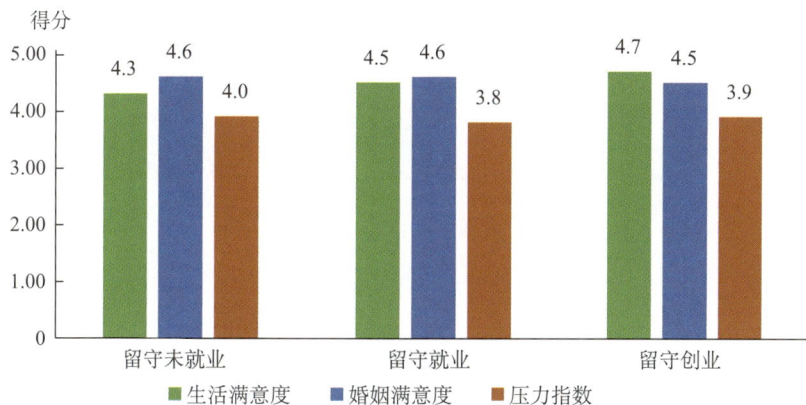

图 2-36　留守妇女家庭关系与压力得分基本情况

如图 2-36 所示，留守妇女家庭行为与压力得分受就业状态影响，三种就业状态留守女性的生活满意度差异显著（$F = 7.908$，$p < 0.001$)，婚姻满意度及压力指数维度差异不显著。创业的留守女性生活满意度最高，同时感知到的压力指数也较高，就业女性的压力指数最低。未就业女性的婚姻满意度最高。

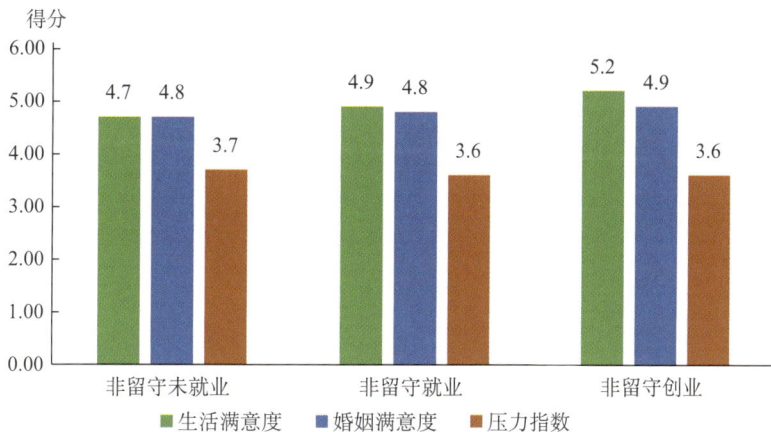

图 2-37　非留守妇女家庭关系与压力得分基本情况

如图 2-37 所示，非留守妇女家庭行为与压力得分同样受就业状态影响，三种就业状态的留守女性在生活满意度与婚姻满意度上差异显著（$F = 31.263$，$p < 0.001$；$F = 6.260$，

$p<0.01$），在压力指数上差异不显著。未就业的非留守女性生活满意度最低，但感知到的压力指数最高，创业女性的婚姻满意度及生活满意度均为最高。

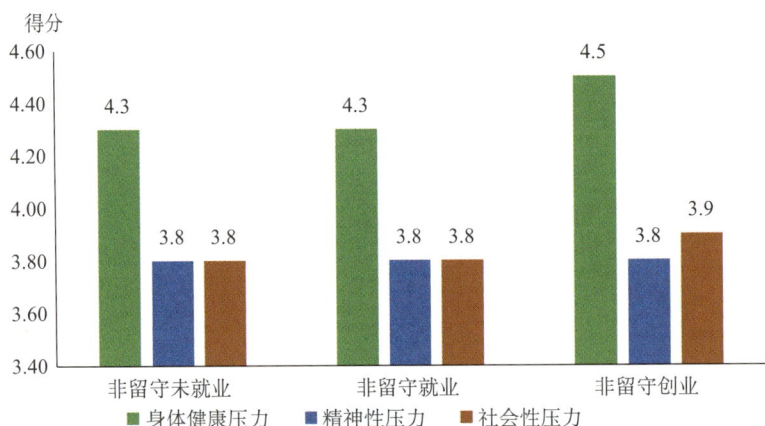

图 2-38 留守妇女各项压力得分基本情况

就压力而言，留守妇女在身体健康压力、精神性压力以及社会性压力这三项压力的得分受就业状态影响（图 2-38）。三种就业状态的各项压力得分差异不显著：身体健康压力方面，留守女性普遍较高，其中创业女性最高；精神性压力方面，三者间没有显著差异；社会性压力上，创业女性最高，未就业与就业女性较低。

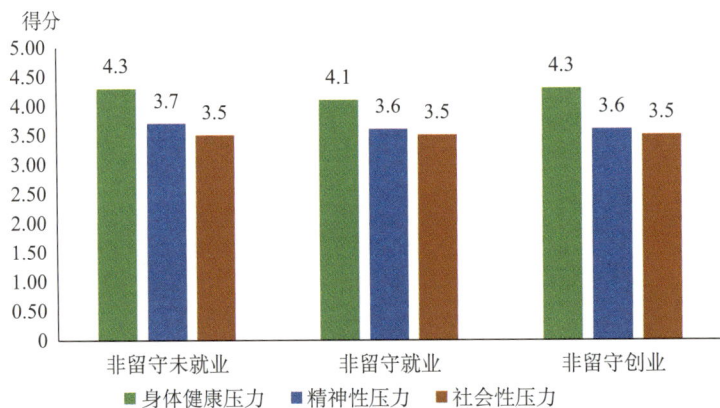

图 2-39 非留守妇女各项压力得分基本情况

如图 2-39 所示，非留守妇女的各项压力得分也受就业状态影响。三种就业状态的身体健康压力得分差异显著（$F = 3.934$，$p<0.05$），精神性压力及社会性压力得分差异不显著。在非留守女性中，身体健康压力水平较其他两项略高。在精神性压力与社会性压力维度上，三种就业状态的非留守女性表现类似。

整体来看，留守与非留守对农村妇女的婚姻及生活状态有显著影响（图 2-40），留守与非留守妇女在生活满意度、婚姻满意度及压力指数三个维度差异显著（$F = 90.999$，

$p<0.001$；$F=38.022$，$p<0.001$；$F=23.182$，$p<0.001$）。非留守妇女的生活满意度及婚姻满意度皆高于留守妇女，并且留守妇女相比非留守妇女承担着更大的压力水平。证明留守状态会影响妇女的家庭生活与婚姻，降低满意度及生活质量。

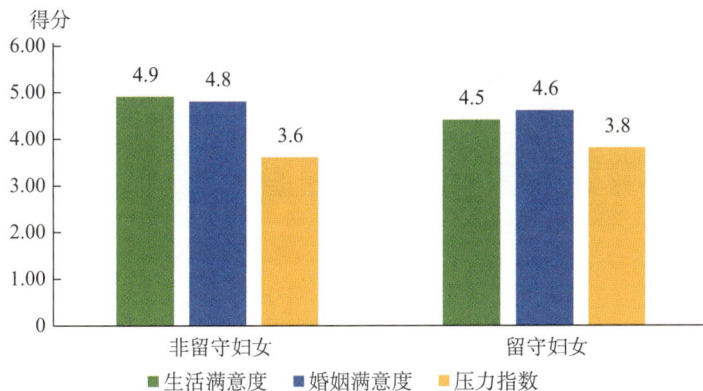

图2-40 非留守与留守妇女的家庭关系与压力得分比较

（三）个体行为分析

在个体行为方面，分析了四项与自我发展和成长相关的指标，即自尊、自我效能、自立与心理韧性，对应着全国妇联倡导的自尊、自信、自立与自强的"四自精神"，对个人的成长与发展具有重要的意义。留守及非留守妇女在自尊、自信、自立、自强四个维度的得分如图2-41及图2-42所示。

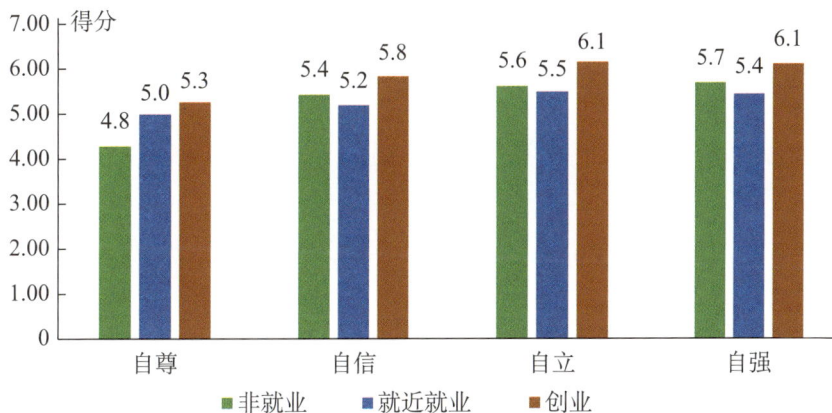

图2-41 留守妇女自我价值得分基本情况

如图2-41所示，留守妇女自我价值感受就业状态影响。不同就业女性在自尊与自信水平上差异显著（$F=5.048$，$p<0.01$；$F=4.781$，$p<0.01$），在自立水平的差异边缘显著（$F=2.504$，$p=0.083$），在自强水平的差异不显著。其中，留守创业女性在四个维度的自我价值得分均为最高，创业与就业女性的自我价值得分高于未就业女性，表明就业状态会影响留守妇女的自我价值感。

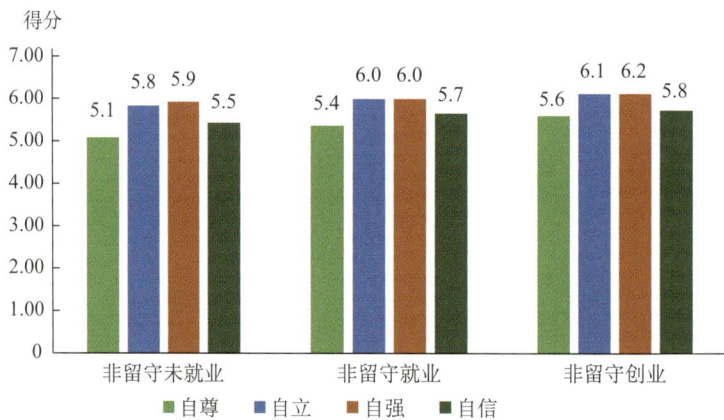

图2-42 非留守妇女自我价值得分基本情况

如图2-42所示，非留守妇女自我价值感也受就业状态影响。不同就业状态的农村女性在自尊、自立、自强、自信四个水平的差异均十分显著（$F = 31.157$，$p < 0.001$；$F = 9.345$，$p < 0.001$；$F = 5.546$，$p < 0.01$；$F = 9.127$，$p < 0.001$），其中，创业女性的自我价值得分最高，创业就业女性在四个维度上的得分均高于未就业者，这表明就业创业能够显著提升非留守妇女的自我价值感。

整体来看，留守与非留守妇女的自尊、自信、自立与自强水平差异显著（$F = 38.658$，$p < 0.001$；$F = 21.826$，$p < 0.001$；$F = 25.424$，$p < 0.001$；$F = 20.187$，$p < 0.001$），非留守妇女在自尊、自信、自立与自强四个水平上的表现均优于留守女性。这表明留守状态可能损害女性的独立能力与自尊，应当更多对留守妇女的自尊及独立状态保持关注。从就业层面而言，未就业的妇女在自我价值感上的得分较低，体现了工作对农村女性自主独立的重要影响，应当更多鼓励农村妇女就业。此外，创业能够显著提升留守农村女性的自我价值感水平，由此可见，在农村发展创业创新，鼓励更多农村女性投身创业创新事业中，能够帮助留守农村女性更加独立自主，维护个人尊严提高生活质量（图2-43）。

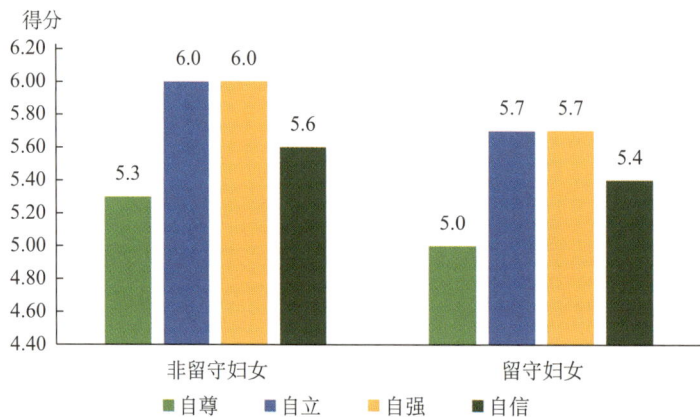

图2-43 非留守与留守妇女自我价值得分比较

综合心理层面的数据可以看出，留守还是就业会显著影响农村女性在心理层面各类能力的表现、生活质量和人格独立。从留守与非留守层面而言，留守妇女在职业行为、家庭行为及个体行为等方面的表现均差于非留守女性，表明留守状态对农村妇女精神层面的表现弊大于利，政府及相关部门应该加大力量投入，帮助更多的农村妇女摆脱留守状态。

而从就业层面而言，就业与否也会显著影响农村妇女的生活质量、职业行为能力以及自我价值感的提升。非就业的女性对生活满意度较低，在各项工作能力上表现较差，缺乏独立自主精神。创业能够显著提升农村妇女的自我价值感及生活满意度，降低压力水平。由此可见，农村就业创业对提升农村妇女生活质量有重要作用，应当鼓励农村妇女就业及创业创新，为农村妇女提供更多的工作岗位，帮助她们在工作中锻炼与提升自己，锤炼人格品质培养独立精神，实现个人能力及生活品质的双重提升。

四、主要结论与对策建议

（一）主要结论与存在的问题

1.就职业行为而言

留守妇女的职业行为主要体现在两个方面：一是整体来看，留守妇女的就业技能储备不足，不能适应就业市场的需求；二是从个人进入职场的发展来看，职业发展的动力不足。主要表现如下：

（1）政府的相关部门建立了长效的技能培训服务机制，但是技能培训单一化，留守妇女的职业培训内容局限于几项传统的技能，比如家政服务、纺织女工、烘焙技术等，不能在当地就业市场产生规模效应，更不能适应高速发展的市场经济。

（2）虽有创业或就业意愿，但是没有职业发展意识。主要在于缺乏创业知识与信息，个人职业发展意识薄弱，甚至在职场上不考虑个人发展，创新动能不足，从而不愿挑战不熟悉的领域。

2.就家庭行为而言

留守妇女的家庭行为主要体现在两个方面，一是家庭环境的影响，二是家庭中角色的影响。主要表现如下：

（1）丈夫由于各种原因不在家，留守妇女的生活满意度与婚姻满意度很低，这直接导致了留守妇女的幸福感低。

（2）就业影响留守妇女在这两个指标上的表现，但影响的方向与就业与否有关。也就是说，留守妇女就业可以提升其生活满意度，但是会降低其婚姻满意度。

（3）创业有助于提升留守妇女生活满意度、婚姻满意度与压力水平。

3.就个人成长而言

留守妇女的受教育程度偏低，初中及以下的占留守妇女总人数的 54.72%，她们的就业意愿高，甚至高于非留守妇女；而在创业方面，77.51%的农村妇女都愿意自己当老板。然而，在留守妇女中，未就业的占45.30%，这说明就业市场上留守妇女就业需求空间很大。影响她们未就业的原因有个人因素，如能力、文化程度等；家庭因素，如照顾老人和孩子；也有社会环境因素，如当地的就业机会、就业条件。由于受教育程度低，造成留守妇女对自身的评价低，在就业和创业时受到自我发展的束缚。主要问题表现如下：

（1）对个人技术能力不自信的留守妇女更可能选择在家中务农，照顾老人和孩子，而不是选择就业或创业；对于一些年龄大的留守妇女，可能因为身体原因或者没有技能而缺乏就业热情。

（2）她们的就业意愿高，但在就业市场可选择的岗位有限，多从事低技术含量的工作，单位时间收入低、强度大。在创业上，虽有创业意愿，但缺乏资金和信息渠道，又有较大的经济风险顾虑，因而多涉足小规模小资金的低科技含量领域，创业缺乏规模效应。

（3）数据显示，就业留守妇女的自我价值感显著高于非就业留守妇女。这一方面表明自我价值感高的留守妇女更可能选择外出务工和就业，另一方面也说明外出务工可以增加个人的见识，有助于提升自我价值感。

（二）政策建议

综上所述，农村创业创新对留守妇女就业带动的影响因素可以从外部环境因素与内部因素两方面来分析，因此对于提高就业带动的政策建议也将从这两方面入手。首先，影响留守妇女就业的因素主要有政策支持、地方经济发展、外部经济条件等；其次，影响留守妇女就业的因素主要从其自身入手，如提高个体的就业技能与就业信心、加强素质教育培训。

1.改善留守妇女就业的外部因素

政策因素：加大政策扶持力度。政府需加大对留守妇女就业的政策扶持力度，特别是对就业创业的资金扶持，服务于农村留守妇女的就业与创业发展。

经济因素：推动当地经济发展。因地制宜，就地取材，发展当地特色经济；加强招商引资力度，发展规模经济；加强对中小经济实体在信息、资金与技术方面的扶持力度，鼓励农村妇女自主创业。

就业氛围：营造就业氛围。充分利用已就业农村妇女的示范效应，形成就业氛围；根据留守妇女就业诉求，推动灵活就业的弹性工作制度，为其就业创造充分条件。

家庭因素：建立完善的就业后勤保障体系。在农村建立互助合作模式的生活小组，以便在需要时解决留守妇女因为家中有老人和孩子需要照顾而不能外出就业的困难；让老有所养，少有所依。建立专门的养老服务机构和儿童托管中心，让留守妇女从繁重的家庭劳动中解放出来。

2.改善留守妇女就业的内部因素

自我价值：加强自我修养，提升自我价值，做自尊、自信、自立与自强的现代女性。开展文化素质基础教育，加强综合素质的提升，开发针对留守妇女的自我提升与自我发展的个人成长类培训课程，让留守妇女有信心走出家门，走向职场，成长为自尊、自信、自立与自强的现代农村女性。

技术能力：开展多元化技术与能力的培训。建立与市场接轨的职业技能培训体系，从人力资源供给方为留守妇女提供技能培训；提供多元化的技能培训，以及专业的信息渠道，为吸引农村留守妇女参与到创业与就业队伍中来而创造条件。

身体因素：建立健全健康与养老保险制度。关注留守妇女的身心健康，加强农村医疗卫生与心理服务的基础建设，建立留守妇女身心健康保障的长效机制，例如建立互助救助制度、开展身心健康的知识讲座、提高留守妇女的身体与心理健康水平、让留守妇女真正做到安居乐业。

第三篇
农村创业创新平台载体研究报告

专题四 农村创业创新平台载体建设情况调查报告 [①]

摘要：近年来，在国家"大众创业、万众创新"战略和乡村振兴战略引导下，县域基层加快改善农村创业创新环境，建成了一大批集成政策、集聚要素、集合服务的农村创业创新平台载体，既繁荣了县域经济，也促进了优质创业项目在广袤乡村落地生根。为全面了解各地区农村创业创新平台载体的建设和使用情况，深入分析平台载体的发展水平、服务效果，以及急需补全的功能短板，乡村产业发展司开展了 2020 年农村创业创新平台载体建设情况专项调查。本次调查将农村创业创新平台载体分为农村创业创新园区、农村创业创新孵化实训基地两大类别，共收集 140 个县（市）的 86 个园区、34 个孵化实训基地相关数据资料，从建设现状、资金投入、管理机制、项目引入、科研情况、孵化效果等方面加以分析。由于调查的园区、基地数量较少，一些分析可能与全国平均情况存在差异，还需进一步扩大样本量。

一、农村创业创新平台载体调查主要结论

调查结果显示，各地区农村创业创新平台载体间存在较大差异，部分平台创业创新工作开展风生水起，一些创业创新平台刚刚起步或发展缓慢，需要尽快建立机制、转变思路、提升水平。本报告主要研究结论如下：

（一）农村创业创新园区情况

（1）农村创业创新园区多数成立时间不长，2017—2019 年成立的园区占比达到 47.8%。

（2）地方政府部门是农村创业创新园区主要的运营管理方，其管理占比超过半数，其次是民营企业运营管理方，占三成。

（3）农村创业创新园区投资活跃，超过三分之一的农村创业创新园区累计总投资大于 10 亿元。约半数农村创业创新园区已引入资金扶持机构。

（4）农村创业创新园区有力地促进了农村一二三产业融合发展。86.1%的农村创业创新园区有配套的种养区域，种植、养殖区域兼备的园区占 51.2%。

（5）七成多农村创业创新园区提供项目申报、创业辅导、政策咨询等服务。超过六成农村创业创新园区配套了孵化实训基地。

（6）农村创业创新园区的科研力量不断增强。引入省级以上科研平台的园区约占 31.4%。

---

① 作者：李佳桐、陈静、李洁，重庆西大农业科技研究院

（二）农村创业创新孵化实训基地情况

（1）农村创业创新孵化实训基地的建设高峰期与园区基本一致，绝大部分农村创业创新孵化实训基地的建设时间不超过 5 年。

（2）园区外独立的孵化实训基地主要由民营企业运营，占比为 73.5%。56% 的孵化实训基地投资总额在 5 000 万元以内，有四成基地 2020 年追加投入了 100 万～500 万元。

（3）94% 的农村创业创新孵化实训基地已配套多媒体教室。配有 1 个多媒体教室的基地占比 44%，配有多个的占比 50%。

（4）所有的农村创业创新孵化实训基地，全部拥有长期合作的创业导师。超过半数基地的合作导师数量在 10 人以内。营销电商与新媒体、品牌创建与管理是当前比较流行的创业培训课程。

（5）七成基地为创业者和政府提供了交流平台，近九成基地为创业者、科研单位、供销单位和金融机构提供了交流平台。

（6）农村创业创新孵化实训基地的孵化能力还比较弱，平均每个基地有 9.7 个在孵项目，低于 5 个在孵项目的基地超过一半。60% 以上的农村创业创新孵化实训基地的项目孵化效果很好。

二、农村创业创新园区监测情况分析

农村创业创新园区多位于小城镇或城乡结合部地区，无论从地理位置上看，还是从主导产业上看，其与城市、乡村均有着紧密联系。一方面，农村创业创新园区便于承接、集聚由大城市向下流动的资本、科技、管理、人才等资源要素，另一方面，农村创业创新园区可较好地辐射带动周边乡村，成为农产品出村上行的关键加工、物流节点。可以说，农村创业创新园区是城乡融合发展的"桥头堡""交换器"。建设一批区域特色明显、基础设施完备、政策措施配套、科技创新突出、服务功能全面的农村创业创新园区，对壮大县域经济、振兴乡村产业有不可替代的支撑作用。本章节分析结果，验证了农村创业创新园区促进农村一二三产业融合发展，壮大乡村产业的重要贡献。

（一）建设运营

最早的农业创业创新园区建设可追溯到 20 世纪末，但绝大多数农业创业创新园区成立于党的十八大之后，特别是 2015 年中央提出"大众创业、万众创新"战略之后，创业创新园区加快建设。本次调查的园区中，成立于 2017 年的最多，占比为 29.1%；其次是 2019 年，占比为 14.0%；2015 年以来建成的农村创业创新园区合计占比 61.8%（图 3-1）。大多数农村创业创新园区设立不久，仍在成长完善阶段。

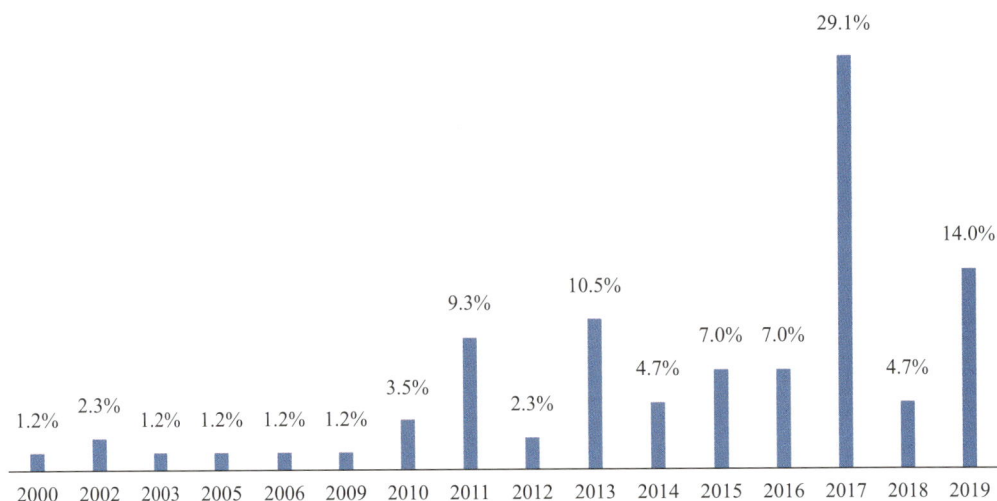

图 3-1　不同年度成立创业创新园区的数量占比情况

农村创业创新园区的运营管理多数由政府机构承担，需要引入创新理念更为活跃、创业服务更为积极的民间力量。本次调查的农村创业创新园区，超过五成是由当地政府部门直接运营，只有三成园区是由民营企业运营（图3-2）。

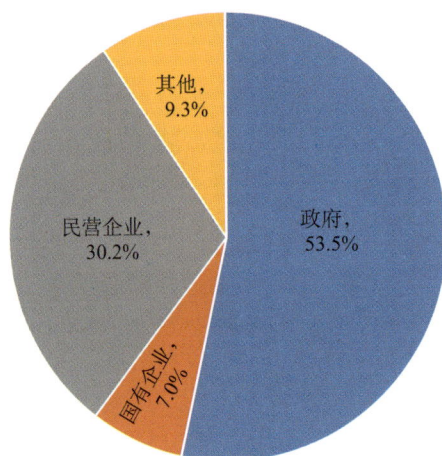

图 3-2　各创业创新园区运营管理方性质占比

（二）投入产出

超过三分之一的农村创业创新园区总投资在亿元以内。农村创业创新园区规模普遍较小，总投资10亿元以内的园区占比为73.8%，5亿元以内的占比为58.3%，低于1亿元的占比为36.9%。投资规模小，主要是由于大部分园区成立时间短。但也要看到，虽然建设单个农村创业创新园区的资金投入相对较少，但对激发当地创业创新活力的作用巨大，因此应当鼓励有条件的地区新建一批农村创业创新园区（图3-3）。

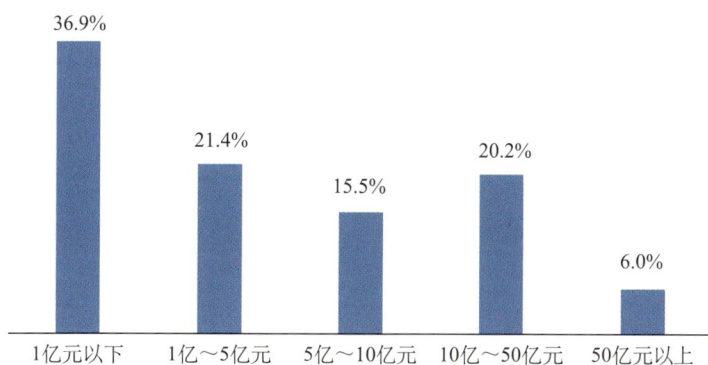

图 3-3 各创业创新园区累计总投资金额情况

园区的总投资规模与入驻市场主体数量高度相关。接近五成的园区入驻市场主体不超过 10 个，80% 的园区入驻数量在 50 个以内。园区所有市场主体的总产值，也与总投资规模密切相关。调查显示，总产值在亿元以内的农村创业创新园区较多，占比为46.5%；总产值在 1 亿～ 10 亿元的园区占比为 32.6%，接近三分之一；总产值在 10 亿元以上的园区占比为 21%，其中超过百亿的园区约占 4.7%（图 3-4、图 3-5）。

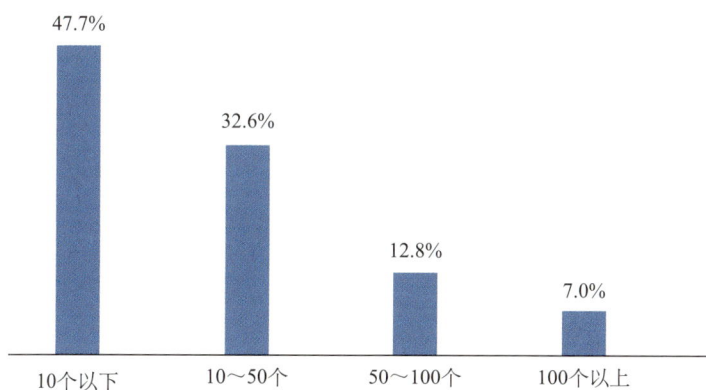

图 3-4 2019 年末各创业创新园区内入孵项目的数量分布

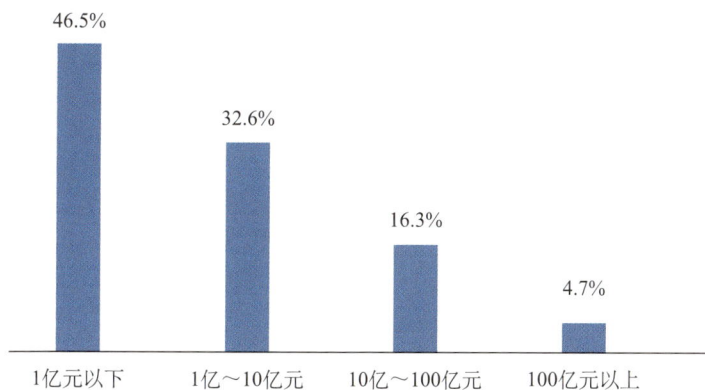

图 3-5 各创业创新园区 2019 年末总产值情况

（三）产业经营

农村创业创新园区与农业生产联系紧密，是发展循环农业、生态农业，促进农业现代化的重要力量。86%的农村创业创新园区配套了种养区域，其中，五成园区兼有种植、养殖区域。仅配套了种植区域的园区占32.6%，单独搞养殖的农村创业创新园区较少，占比仅为2.3%（图3-6）。

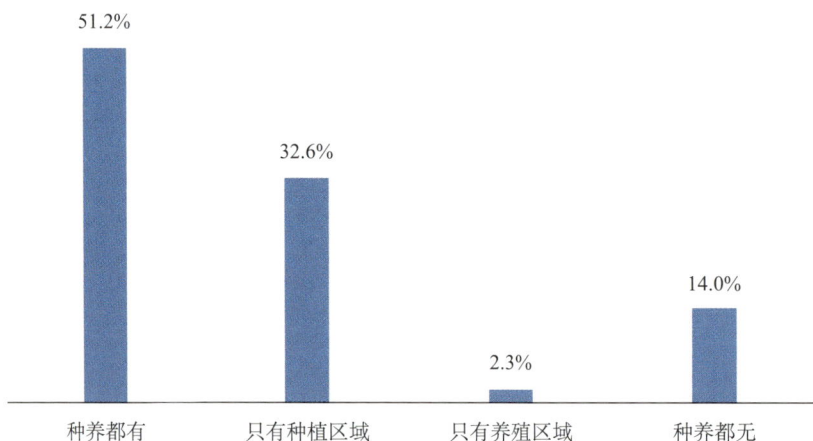

图3-6　各创业创新园区种植区域和养殖区域配套情况

从园区类型来看，集农产品生产、加工、仓储、销售一体化发展的综合型园区是最适宜农村创业创新发展的园区类型，占比为40.7%。拓展农业多元功能、挖掘乡村文化价值的休闲农业型园区发展前景良好，占比为20.9%。产业领域较为单一的生产型、加工型园区占比较少，均为15%。科技型和电商服务型园区需要引入科研能力、信息技术较强的机构或者企业，因此当前普及度不高，仅占4.7%和1.2%，县域最需加快建设科技型和电商服务型园区（图3-7）。

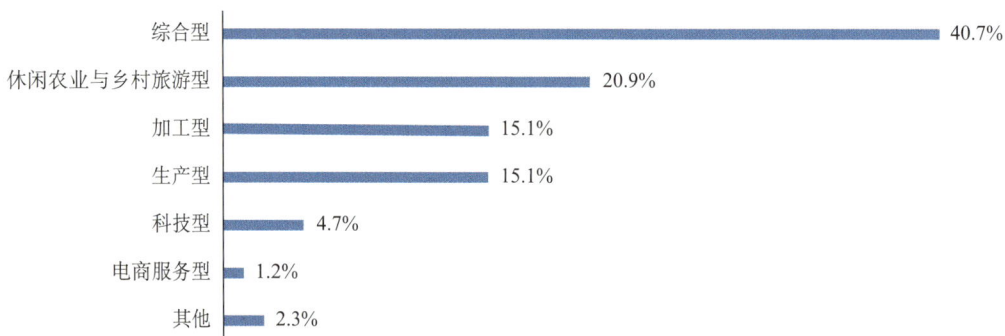

图3-7　不同创业创新园区类别构成

从入驻企业的产业领域看，农村创业创新园区的一二三产业融合发展特征显著。超过七成的园区布局了种植业和农产品初加工业，这是农村创业创新园区的两大主导产业，同时，产业链进一步向农产品精深加工延伸的园区占比达到47.7%，开展了电商业务的园区占比更是超过半数，达到52.3%。由此可知，以加工流通延长农业产业链、以信息技术打造供应链成效显现，越来越多的地区通过农产品增值带动农民就地就近就业。丰富业态提升价值链也是农村创业创新园区的重要功能，涉及休闲农业和乡村旅游、种子种苗培育、农机服务、植保服务等经营业务的园区占比分别为64.0%、51.2%、23.3%和17.4%（图3-8）。

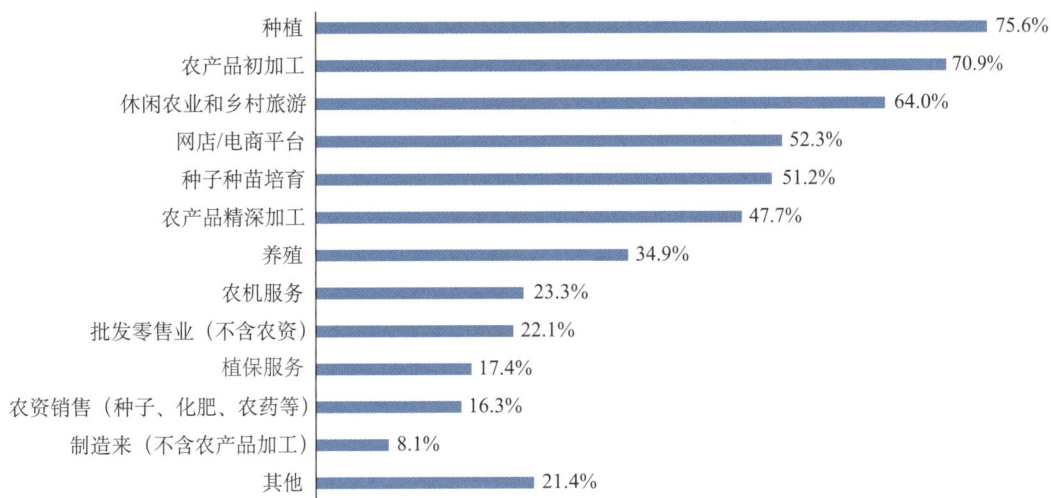

图3-8　各创业创新园区内入孵项目的主要经营方向（可多选）

（四）综合服务

农村创业创新园区的融资服务仍需加强。创业资金来源一直是制约创业活动的重要因素，农村创业创新也不例外。与城市里的互联网创业、高科技创业和新兴服务业创业相比，农村创业项目更难获得创投机构、金融机构的投资和信贷机会，因此引入创业基金、信用合作社等资金扶持机构尤为重要。调查结果显示，引入资金扶持机构的园区占比47.7%，不足园区总数的一半（图3-9）。

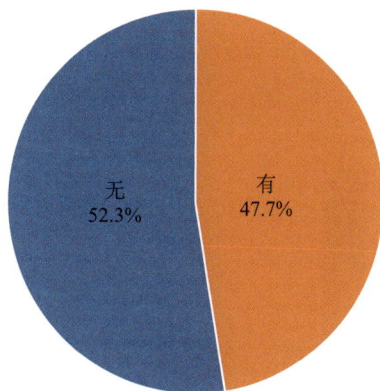

图3-9　各创业创新园区引入资金扶持机构的情况

除金融服务外，农村创业创新园区还采取多种帮扶措施，加速推进农村创业项目落地。从普及情况看，超过七成园区提供了项目申报、创业辅导和政策咨询三种服务，占比分别为76.7%、74.4%和73.3%。为入园市场主体提供经营管理、市场拓展咨询服务的园区也比较多，占比分别为67.4%和66.3%。工商注册、项目评估这类初创企业需要的服务，在农村创业创新园区的普及度还有待加强，占比均为46.5%。法律咨询、品牌策划、风险评估等服务需要专业资质和丰富经验，目前均是农村创业创新园区比较欠缺的服务内容（图3-10）。

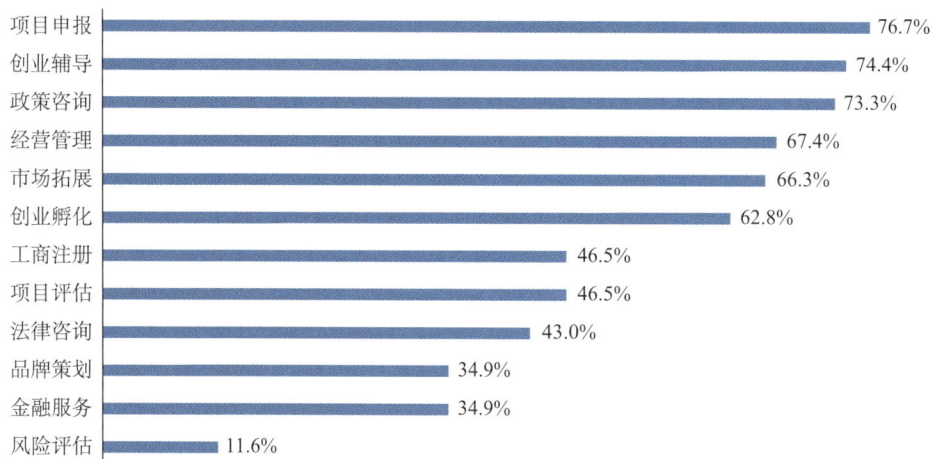

图 3-10 各创业创新园区为入孵项目提供的服务（可多选）

（五）科研创新

农村创业创新园区与大专院校、科研机构合作转化农业等科研成果，促进"产学研用推"协调发展、初具成效。48.8%的农村创业创新园区已经引入至少1个省级或国家级科研平台，引入省级及以上科研平台数量超过3个的园区占比17.4%。同时也要看到，还有51.2%的农村创业创新园区尚未引入较高级别的科研平台。农村创业创新园区还需进一步提升科研转化能力，发挥创新驱动作用（图3-11）。

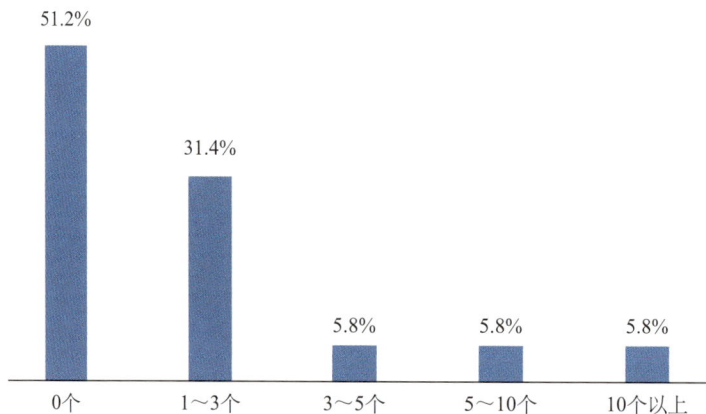

图 3-11 各创业创新园区引入省级以上科研平台数量分布

（六）吸纳就业

农村创业创新园区吸纳就业人数主要包括园区机构从业人员和入驻市场主体就业人员。建设农村创业创新园区，有利于增加县域就业岗位，扩大农村居民就业渠道，特别是新冠肺炎疫情发生以来，为返乡留乡农民工提供了就地就近就业创业机会。调查结果显示，农村创业创新园区吸纳就业人数的中位数是 465 人，就业人数在 500 人以内的园区占比为 51.2%，在 500 人以上的占比为 48.8%（图 3-12）。

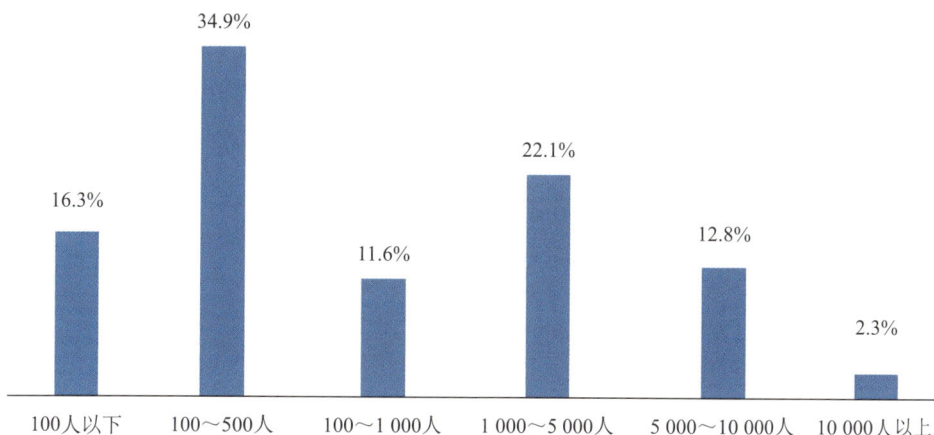

图 3-12　各创业创新园区 2019 年稳定吸纳就业人数分布

（七）孵化绩效

农村创业创新孵化实训基地的主要作用是为有创业意愿或处于起步阶段的创业者提供创业培训、政策咨询、专家指导、技术对接、实训演练、事务代理、办公场所等服务。孵化实训基地可以依托农村创业创新园区设立，也可以单独设立。配套孵化实训基地的农村创业创新园区，更有利于形成大中小型企业互补、上中下游衔接的完整产业链。调查显示，超过三分之二的农村创业创新园区设置了孵化实训基地，为农村创业创新活动健康发展打下坚实基础（图 3-13）。

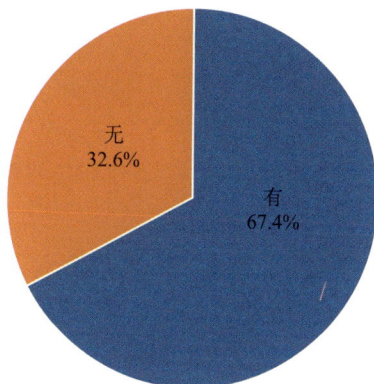

图 3-13　各创业创新园区内配套孵化实训基地情况

三、农村创业创新孵化实训基地监测情况分析

农村创业创新孵化实训基地与农村创业创新园区的区别主要是服务对象不同。农村创业创新孵化实训基地主要是为初创型、创意型主体提供服务，农村创业创新园区主要是为成长型、成熟型企业提供服务，配套了孵化实训基地的园区其作用更为全面，更有利于形成良好的创业创新氛围。本次调查共有 92 个孵化实训基地，其中，园区内孵化实训基地 58 个，园区外孵化实训基地 34 个。

（一）建设运营

农村创业创新孵化实训基地即有服务于农村创业项目的此类平台载体比园区稍晚，最早出现于 2003 年。建设农村创业创新孵化实训基地的高峰期与园区基本一致，2016 年至 2019 年是建设活跃期，峰值出现在 2017 年。由此可见，绝大部分农村创业创新孵化实训基地的建设时间不超过 5 年。

园区外独立的孵化实训基地主要由民营企业运营，占比为 73.5%，与大中城市 70% 以上的创业孵化器由民营企业建设运营情况基本一致。由政府部门、国有企业设立的独立孵化实训基地较少，合计占比约 12%。此外，农民专业合作社、大专院校等机构也建设了不少孵化实训基地。调查显示，九成农村创业创新孵化实训基地已制定了较为完善的管理制度，形成稳定的创业项目入孵及毕业退出等运行机制（图 3-14）。

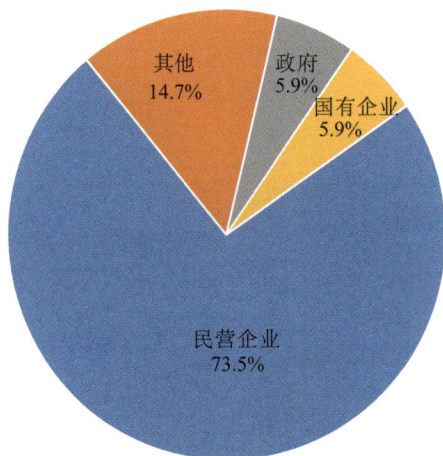

图 3-14　园区外农村创业创新孵化实训基地运营管理方结构

（二）投资情况

农村创业创新孵化实训基地成为县域经济发展重要的"新基础设施"，资金投入不断扩大。多数孵化实训基地投资总额在 5 000 万元以内。投资总额在 1 000 万元以内的孵化实训基地占比 23.5%，在 1 000 万～5 000 万元以内的占比 32.4%。据调查，孵化实训基地的投资主要用于办公场所装修和培训设施设备的采购等（图 3-15）。

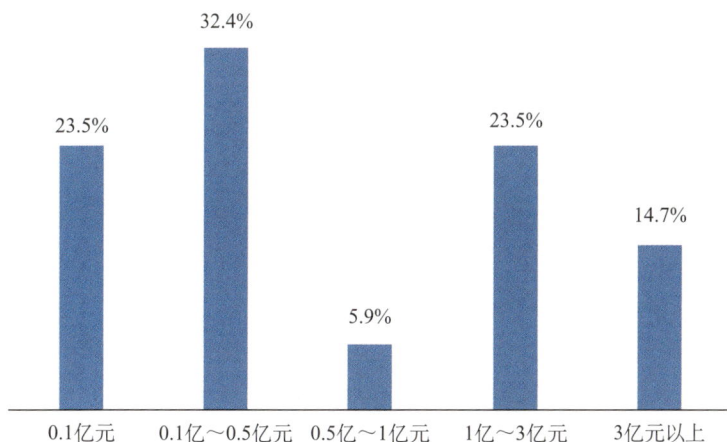

图 3-15　农村创业创新孵化实训基地累计总投资金额情况

孵化实训基地的设施设备一般是逐年添置完善的。从 2020 年新增投入看，今年前三季度，约四分之一的基地新增投资额在 100 万元以内，有四成基地追加投入了 100 万～ 500 万元，一成基地追加了 500 万～ 1 000 万元，还有四分之一左右的基地新增投资超过 1 000 万元。

（三）基地建设

区外的孵化实训基地，仅有 10% 建筑面积不超过 1 000 平方米，1 000 ～ 5 000 平方米的中小型孵化实训基地占比约为三分之一，5 000 万～ 1 000 万平方米的中型基地占比约 15%。还有一些孵化实训基地与无配套种养区域的小型农村创业创新园区没有明显区别，建筑面积超过 1 万平方米。

多媒体教室基本成为农村创业创新孵化实训基地的"标配"，94% 的基地已配套。配有 1 个多媒体教室的基地占比 44%，配有多个的占比 50%。新冠肺炎疫情后，在线培训和电商销售、直播卖货更加火爆，吸引大批返乡年轻农民工留乡利用新技术创业创新，各地孵化实训基地顺应趋势，依托多媒体教室开展相关培训业务（图 3-16）。

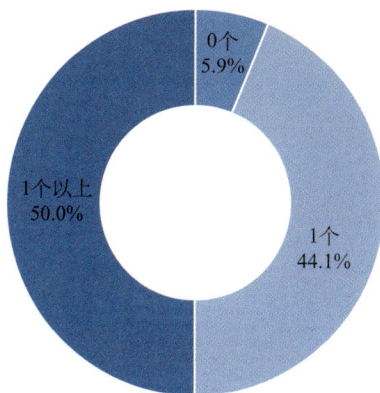

图 3-16　各创业创新孵化实训基地配套多媒体培训教室数量分布

65

（四）创业培训

近年来，创业导师在帮扶创业创新人员、提供创业咨询方面发挥越来越多的作用，也得到相关管理部门的重视。本次调查发现，所有的农村创业创新孵化实训基地，全部拥有长期合作的创业导师。其中，超过半数基地的合作导师数量在10人以内，占比最高。还有5%左右的基地，创业导师数量超过50人。

从师资来源看，农村创业创新孵化实训基地的创业导师主要是从基地外聘请，还有六成基地培养了自己的师资力量。根据《全国乡村产业发展规划（2020—2025年)》，农村创业导师可分为专家、企业家、农村创业创新带头人3个主要类别。本次调查发现，农村创业创新孵化实训基地的师资来源也主要是这3个方面，与企业家、双创带头人、专家学者建立导师合作关系的基地占比分别为76.5%、67.6%和64.7%。此外，孵化实训基地还会邀请职业培训师、政府工作人员、创投机构人员参与创业培训（图3-17）。

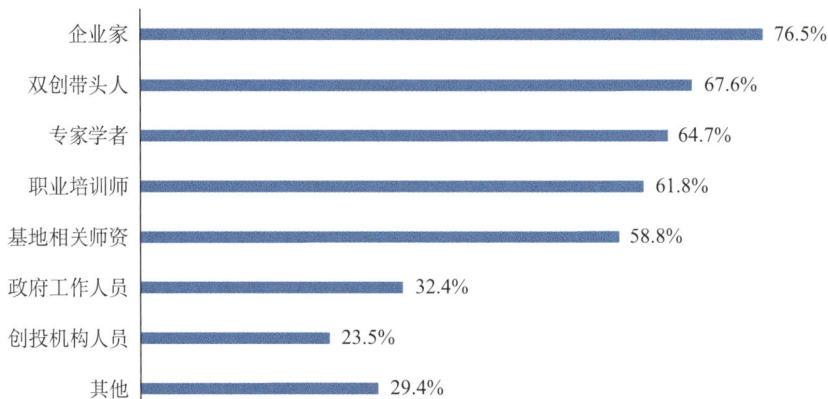

图 3-17 各创业创新孵化实训基地的师资来源（可多选）

从培训对象看，孵化实训基地主要面向本县内的农村创业创新人员。九成基地已为本基地内的创业者提供创业培训，接近九成的基地将培训范围扩大到本县，三分之二的基地将范围扩大到了县外。跨区域培训交流，有利于互相借鉴经验，有利于帮助培训学员开拓市场，应当加强孵化实训基地之间的培训合作（图3-18）。

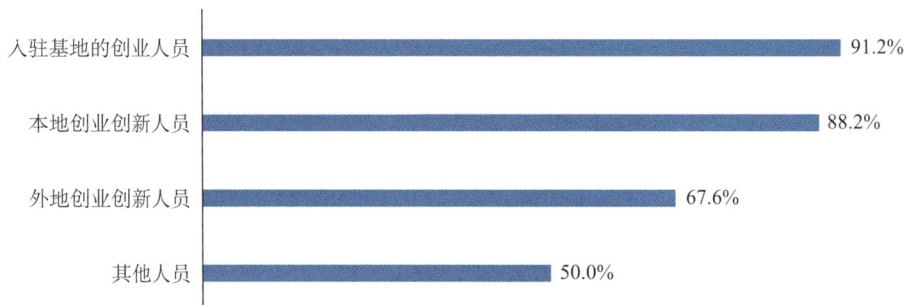

图 3-18 各创业创新孵化实训基地的培训对象（可多选）

　　从培训内容看，营销电商与新媒体、品牌创建与管理是当前比较流行的创业培训课程，七成以上的农村创业创新孵化实训基地开展了这 2 类培训。开展商业模式设计与创新培训的基地也较多，超过三分之二。创业风险防控、财务管理与资本运作等和创业项目长期成长有关的课程开设率分别为 47.1%、44.1%。财税、土地等相关政策解读类课程目前相对还比较少，开设率仅为 41.2%，新创设政策一般需要政策制定单位、长期从事政策研究的专家学者等进行权威解读，因此更适宜多设计一些远程视频课程（图 3-19）。

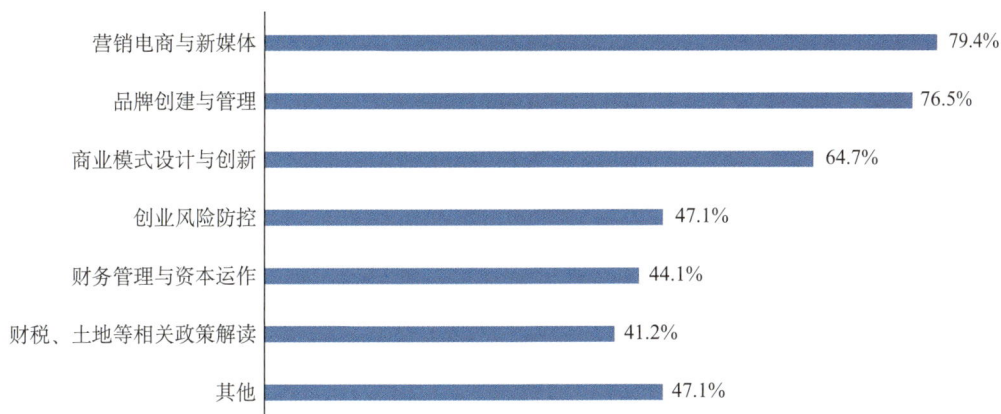

营销电商与新媒体　79.4%
品牌创建与管理　76.5%
商业模式设计与创新　64.7%
创业风险防控　47.1%
财务管理与资本运作　44.1%
财税、土地等相关政策解读　41.2%
其他　47.1%

图 3-19　各创业创新孵化实训基地的培训内容（可多选）

　　从培训方式看，几乎所有农村创业创新孵化实训均采用现场授课、现场观摩和创业指导三种方式开展过培训。交流研讨、圆桌会议一般是由基地给创业者们提供一个互相学习的场合，以有主题或无主题的方式，请创业者自由、充分地畅谈创业经历、个人感悟和下一步计划等内容，并帮助本地创业者拓展人脉，这两种培训方式的开设率分别为 79.4% 和 47%。创业项目对接、实战演练、案例教学的开设率分别为 60%、45% 和 41%。今年以来，受新冠肺炎疫情影响，有四成左右的基地以线上培训的方式为创业者提供相关服务。

　　从培训效果看，七成基地为创业者和政府提供了交流平台，近九成基地为创业者和科研单位、供销单位、金融机构提供了交流平台。2020 年前三季度，38% 的基地培训了 100 ～ 500 人次，18% 的基地培训了 50 ～ 1 000 人次，26% 的基地培训了 1 000 人次以上。

（五）创业服务

　　调查显示，与农村创业创新园区相比，孵化实训基地提供的各类服务主要是在创业辅导、创业孵化上占比较高，其他的项目申报、政策咨询、工商注册等服务与园区的占比基本相同，在法律咨询、金融服务和风险评估等服务上，占比还要略低于园区。引入金融、基金机构的基地占比为 38%，比园区低 10 个百分点。孵化实训基地的体量小、专职人员少，提供的专项服务也更薄弱，因此在今后发展上，应当注意为农村创业者提供更全面、更便捷的服务，例如可与专业机构建立合作机制，开展线上和远程咨询服务（图 3-20）。

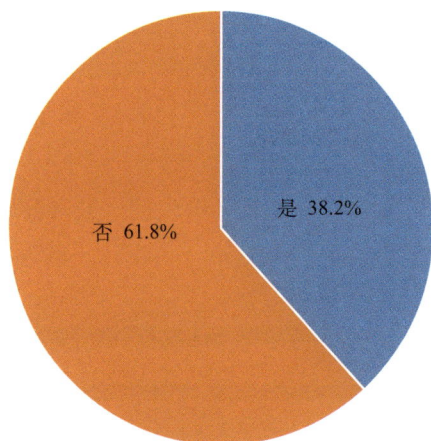

图 3-20　各创业创新孵化实训基地基金配套情况

（六）在孵项目

总体来看，农村创业创新孵化实训基地的孵化能力还比较弱，县域地区吸引、扶持返乡入乡创业的力度还应当继续加大。农村创业创新孵化实训基地平均有 9.7 个在孵项目，低于 5 个在孵项目的基地超过一半。创业创新活跃、项目数量较多（≥20 个）的基地占比不足 12%。从入驻时间上看，2019 年以来新增项目超过 5 个的基地占比为 35.2%，超过 10 个的占比为 17.6%，说明近两年农村创业创新更加活跃，各地初创项目数量增长较快（图 3−21）。

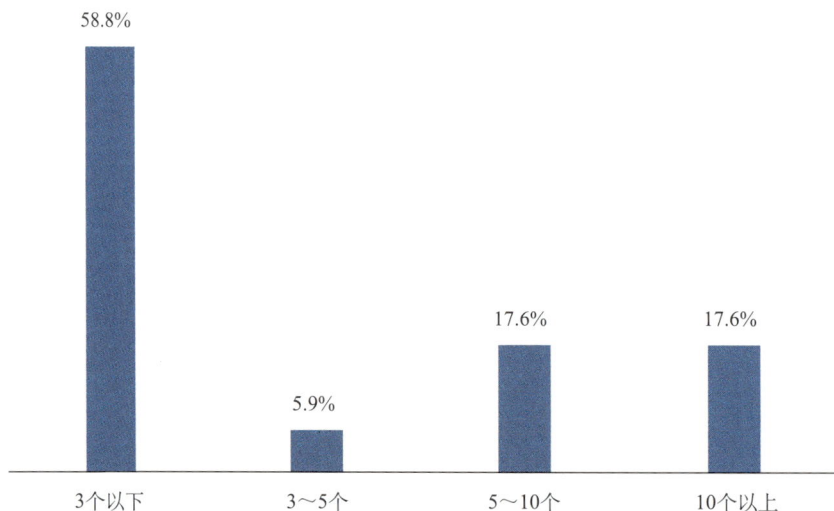

图 3-21　各创业创新孵化实训基地 2019 年新入驻创业创新项目数量分布

以在孵和毕业项目近三年经营活动正常作为孵化效果的评价指标，其中，正常经营项目数量占比超过 90% 的判断为孵化效果非常好，占比 70% ～ 90% 的孵化效果比较好，占比 40% ～ 70% 的效果一般，占比 40% 以下的效果不太好。可以看到，约四成农村创业创新孵化实训基地的项目孵化效果非常好，两成多孵化效果较好，效果一般和不太好的基地也各占约两成（图3–22）。

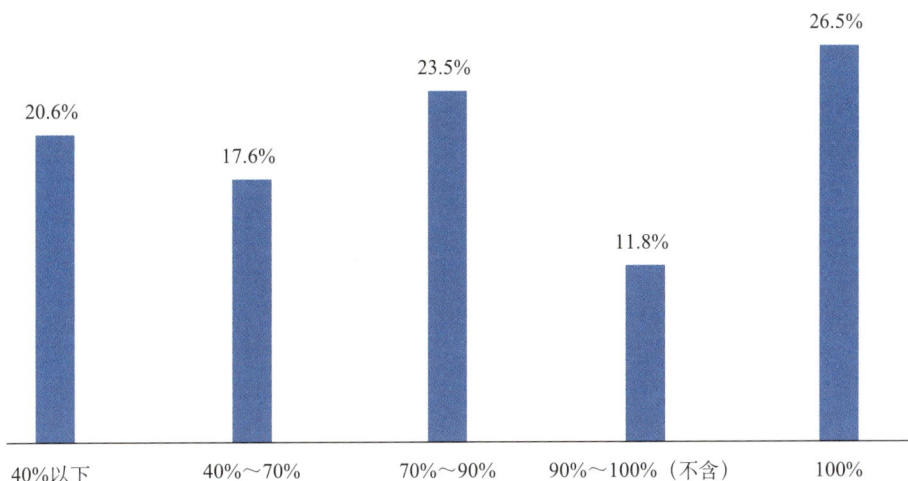

图 3-22　各创业创新孵化实训基地孵化效果情况

（七）吸纳就业

　　园区外的农村创业创新孵化实训基地也为扩大返乡留乡农民工就地就近就业、吸纳农村劳动力转移就业出了一份力。七成多园区外孵化实训基地就业机会主要是留给本地农村居民。调查显示，2020年，17.6%的园区外基地提供了50～100个本地工作岗位，32.4%的园区外基地提供就业岗位100～500个，就业规模大于500人的大型孵化实训基地占比超过三分之一（图3–23）。

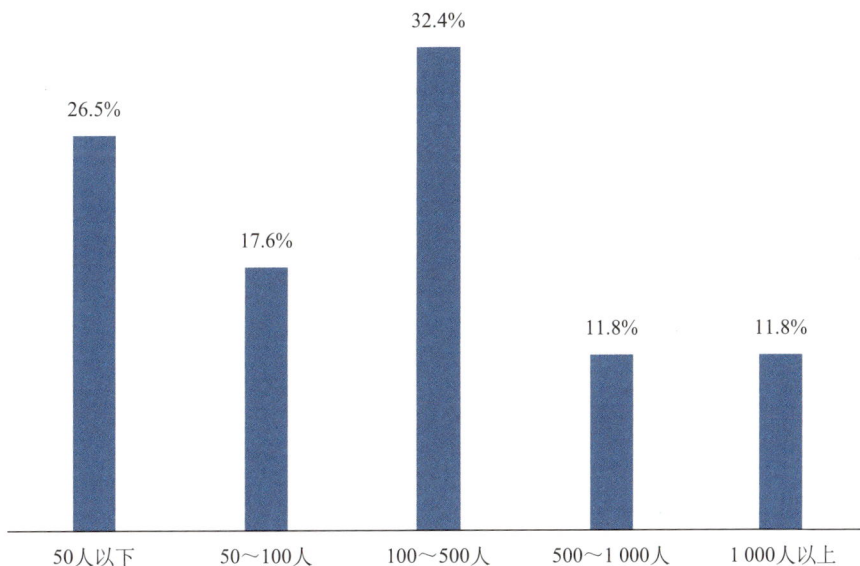

图 3-23　各创业创新孵化实训基地 2019 年创业和稳定吸纳就业人数分布

四、加快农村创业创新平台载体建设的政策建议

农村创业创新平台载体多数成立时间不长，管理运营经验不丰富，加之不少园区和基地位置偏僻、交通不便，难以引入较高层次的管理服务人员，因此存在不少短板，需要汇聚各方力量，共同加以解决。2020年11月，农业农村部等部门联合印发了《关于推进返乡入乡创业园建设 提升农村创业创新水平的意见》，这个政策的出台很及时，我们结合本次问卷调查和相关实地调研情况，对建设、完善、提升农村创业创新平台载体进一步提出如下建议。

（一）加快建设农村创业创新平台载体，减轻创业人员负担

有关研究表明，新冠肺炎疫情发生以来，返乡农民工、农村户籍大学生的返乡留乡创业意愿增强，但摆在他们面前的两大难题就是创业用地难找、启动资金不足。很多有创业意愿的返乡农民工、大学生经过一番打听、研究后，认为创业条件不具备，又迈上了外出务工的道路。因此，加快打造适宜的农村创业创新土壤，是十分必要和迫切的。建议各级政府部门加快完善落实返乡入乡创业优惠政策，并将政策措施向各类农村创业创新平台载体倾斜，鼓励平台载体为初创人员提供 1 ～ 3 年免费的创业场所，切实降低农村创业成本。

（二）建立城乡资源互通互补的新格局，激发乡村发展活力

各地均认识到建设农村创业创新平台载体对壮大县域经济、实现乡村振兴的重要意义，因此相关建设比较活跃，但农村创业创新平台载体普遍面临以下问题：一是多数平台载体建设起步晚、缺少可借鉴可学习的经验；二是县域经济发展整体仍然滞后，导致地处县域的平台载体服务观念或服务手段跟不上；三是城市各类资源要素向乡村流动仍存在较多障碍和顾虑，需要加快破除。因此，建议建立城乡创业创新平台载体、众创空间的信息互通、资源共享机制，鼓励城市、县域的各类平台载体自发结对"联姻"，一方面利用城市便利的条件，另一方面发挥县域土地空间更广的优势，加速引导科研、人才、管理等要素向乡村下沉。

（三）引导对接风险投资等专业创投机构，破解创业服务瓶颈

调查显示，多数农村创业创新平台载体提供的创业服务仍然处于较低水平，这不是地方政府部门不想不愿，而是缺少专业支撑力量。经验丰富的成熟风险投资机构，能够帮助地方部门和创业人员发现资源优势、评估创业前景、规避创业风险，还可以协助农村创业创新平台载体引入科研创新、品牌策划、市场营销、法律咨询等其他专业服务机构，有助于进一步优化当地创业创新环境。因此，建议由各级相关政府部门牵头，对接一批有志于开发县域资源、振兴乡村经济的风投机构和各类专项服务机构，引导这些机构与各地农村创业创新平台载体签订合作协议，加快提升县域创业创新服务能力。

（四）组建农村创业创新导师队伍，全面提升创业能力

监测数据显示，农村创业导师的来源主要是企业家和双创带头人，科研专家也不少。但深入研究发现，目前农村创业导师还是以受邀讲课为主，一些专家型导师对农业农村了解不深，一些企业家型导师更侧重宣传本企业和寻找销售渠道，真正扎根农业农村领域的导师比较少。不少孵化实训基地是请到什么导师，就组织讲授什么课程，因此以城市思维指导农村创业的现象也时有发生。我们建议，要组建一支"一懂两爱"的农村创业创新导师队伍，探索建立一套符合乡村实际情况的创业培训课纲，依托各类农村创业创新平台载体，建立"创业培训+技术培训"的适宜模式，加大农村创业创新培训力度和普及范围，为乡村产业振兴和农村创业创新提供坚实的智力支撑。特别是要加强互联网、信息化等新技术在农村的推广应用，帮助农村实现追赶式发展。

（五）健全农村创业创新平台载体监测体系，全面评价发展情况

本次调查仅对 140 个县（市、区）的农村创业创新园区和孵化实训基地进行监测，各地区仅填报本地一家平台载体的情况，总体来说存在覆盖范围小、不全面的局限，因此在分析过程中难免产生误差。创业平台载体作为各项政策、各方人才和各路资源汇聚的节点，能够突出地反映创业政策落实情况、创业主体活跃程度和创业环境优化力度。因此，建议将调查范围扩大至全国所有县域，特别是农业重点县，并完善调查指标体系，建立统一的县域农村创业创新监测分析机制，更好地监测和指导农村创业创新发展。

专题五 农村创业创新平台载体典型模式研究 [①]

一、摘要

农村创业创新园区和孵化实训基地，是发挥"筑巢引凤"作用、优化农村创业创新环境、吸引各类人才返乡入乡创业创新的重要载体，对于推进农村创业创新高质量发展，具有重要的现实意义。当前，农村创业创新仍存在要素聚集较低、政策集成不够、服务集合不强等问题，需要进一步加强返乡入乡创业平台载体的建设。为研究县域各类创业平台载体的优势特点、运作方式、适用情境和发展趋势，2019—2020年，我们对部分省份的农村创业创新园区（基地）进行深入调研，在此基础上，归纳提炼出生产园区产业延伸模式等7类园区模式，以及园区附属基地配套服务模式等4类孵化实训基地模式，供农村创业创新平台载体的管理人员参考使用。

二、研究背景

近年来，随着"大众创业、万众创新"国家发展战略向广袤乡村延伸，农村创业创新环境持续改善、活力不断增强，一大批有才华、有胆识、有志向的人才返乡入乡创业创新，带动更多农民就业增收，为乡村全面振兴和农业现代化发展作出重要贡献。在农村创业创新快速发展过程中，各地兴建了一大批涉农园区和创业孵化基地，打造了一批农村就业创业服务平台载体，推进政策集成、要素集聚、服务集合，吸引返乡农民工等人员就地就近创业就业，这为在更大规模、更高层次、更广领域上推进农村创业创新，蓄积了强劲势能、强大动能。

调研组看到，虽然一些农村创业创新平台载体已发展成为县域经济的增长极，但还有不少中西部和东北地区的农村创业创新平台载体仍处于建设初期的探索阶段。为了推动这些潜力尚待挖掘的平台载体尽快找准方法、提升水平，发挥更多更好的创业创新引领作用，调研组对一些机制顺畅、管理高效、创新突出、带动显著的农村创业创新园区和孵化实训基地进行实地调查、系统研究和深入分析，总结提炼出园区、基地两大类别的11种农村创业创新平台载体典型模式，分别是生产园区产业延伸模式、加工园区横向拓展模式、流通园区集群发展模式、科技园区创新驱动模式、电商园区营销带动模式、乡村休闲旅游园区新兴业态模式、综合园区产业融合发展模式等7类农村创业创新园区模式，以及园区附属基地配套服务模式、企业建设基地相互借力模式、村镇开发基地资

① 作者：李春艳，农业农村部乡村产业发展司
石汝娟、霍颖，农业农村部规划设计研究院农产品加工工程研究所

源发掘模式、高校自建基地学生创业模式等 4 类农村创业创新孵化实训基地模式。希望本文的初步研究成果，能够为农村创业创新平台载体建设者和管理者提供有益的参考和借鉴，进而推动各地农村创业创新高质量发展。

三、农村创业创新平台载体的主要类型

（一）农村创业创新平台载体类别划分

农村创业创新平台载体主要位于县域的城镇郊区、乡村地区，以培育初创型和成长型企业为重点，集中提供创业场所和创业服务的各类园区（基地）。按照入驻企业特点和规模，农村创业创新平台载体可大致分为农村创业创新园区和农村创业创新孵化实训基地两大类别。**农村创业创新园区**，一般是入驻了发展快、质量优、前景好、带动强的成长型创业创新项目，在集聚资金、土地、人才等资源要素方面有较大优势，能够集中提供政策指引、经营场所、公共服务的各类涉农园区。**农村创业创新孵化实训基地**，是以培育和服务初创型涉农市场经营主体为目标的服务平台，一般能够提供创业培训、政策咨询、专家指导、技术对接、实训演练、事务代理、创业场所等基本服务。

（二）两类平台载体的主要区别

研究农村创业创新园区和孵化实训基地的差别，能够更好地认清两者的特征，也更便于管理者在实践过程中清晰地设定平台载体发展目标。从一般情况看，园区通常占地面积更广、资金投入规模更大、入驻企业更有实力、产业配套更加完整、服务功能更为全面。孵化实训基地相对占地不多，企业小而分散，互相之间不具有分工协作的系统性，服务上更加侧重创业培训、项目诊断和交流指导。从现实情况看，农村创业创新园区和孵化实训基地没有明显的划分标准，特别是从全国层面观察，由于行业特点、地理位置的不同，在占地面积多少、入驻企业/项目规模大小等方面各地有不同认定标准。例如，一些在东部地区总体规模较小、达不到园区级别的孵化实训基地，在中西部地区特别是在经济欠发达的县域，同等规模就被认定为返乡创业园区；一些以电商创业企业聚集为主的电商园区，与孵化实训基地的区别主要就是物流仓储和服务配套是否到位，很容易在短时间内就补齐短板，因此界限更加模糊。

（三）两类平台载体的共性联系

农村创业创新园区和孵化实训基地的共同核心特点是，以创新引领创业、以创业带动就业。两者均是依托当地农村资源、深挖乡村功能价值，完善乡村基础设施、优化创业创新环境，应用信息技术手段、提高资源配置效率，组建创业服务队伍、提供专业指导帮扶。从两者的发展联系上看，绝大部分农村创业创新园区都有附设的孵化实训基地，或者可起到孵化实训作用的众创空间、创业中心；一些园区外的孵化实训基地会逐步发展壮大，成为农村创业创新园区，或者与当地农村创业创新园区保持密切联系，引导基地里成长快、前景好的初创企业入园发展。

（四）农村创业创新平台载体的主要作用

农村创业创新园区、孵化实训基地等平台载体通过改善创业环境，强化要素支撑，加强服务指导，帮助返乡入乡在乡人员成功创业。**一是集成扶持政策。**农村就业创业服务平台载体是乡村的"梧桐树"，是政府公共服务机构的延伸。园区（基地）可以提供场所，集中开展财政扶持、金融信贷、税费减免、租房补贴、水电气暖折价供应等政策的咨询、申领等工作，提高办事效率，加快政策落实。**二是集聚要素资源。**平台载体可以完善农村信息、交通、寄递、物流线路及网点等设施，健全以县、乡、村三级物流节点为支撑的信息网络体系，加速引导城市的资本、技术、人才等要素向县域流动，并辐射至乡村地区。**三是集合服务功能。**平台载体可实现的服务功能包含政策咨询、创业培训、注册代办、融资贷款、项目诊断、技术对接、法律咨询、市场拓展、品牌策划等内容，通常创业创新越活跃的地区，上述创业服务提供的越全面。平台载体还可以通过与技术专家、企业家、创业带头人等建立合作关系，组建农村创业创新导师队伍，打造"平台+导师+学员"创业服务新模式，为返乡入乡创业人员提供"一对一""师带徒""一带多"培养服务。

四、农村创业创新园区主要发展模式

在农业及相关产业发展过程中，由政府主导或者企业自发，形成了一些产业集聚、特色鲜明、重点突出的农产品生产加工园、农业科技园区、农产品交易市场、大型物流园、电子商务园、乡村休闲旅游园区等各类涉农园区。中央提出"大众创业、万众创新"发展战略后，这些园区响应号召、抓住机遇，通过提升信息技术、共享要素资源、共建主导产业的方式，有效地推动各类经营主体加速向园区集聚，进一步促使产业上下游协调发展。具有此类特征的产业园区，无论是否经过政府部门认定，均属于农村创业创新园区，其主要特点是，产业园区围绕本地区主导产业，将相关企业聚集在一起，降低参与市场主体的交易成本，形成规模经济，并积极导入新产业、新业态、新模式，不断延伸产业链、提升价值链，让农民有机会参与和分享产业链增值收益。

按照经营活动所属行业性质，农村创业创新园区主要包括生产型园区、加工型园区、流通型园区、科技型园区、电商服务型园区、乡村休闲旅游园区、融合发展综合型园区7大类。各类园区的发展模式特点、适用范围总结如下。

（一）生产园区产业延伸模式

生产型园区指以现代农业、规模农业、特色农业、生态农业、智慧农业、种子种苗培育等农业生产为主的创业创新园区。此类园区的特点有：①园区的主导产业是第一产业，园区引入或培育了农产品初加工、流通、电商、休闲旅游等二三产业创业项目，但二三产业总量规模比较小；②城市周边的农业生产型园区，利用区位优势发展蔬菜、水果、花卉等园艺农业，提高单位土地产出值；③农业大县的生产型园区，多以规模种养、特色种养等大宗农产品、优势农产品生产为主，由于距离消费地较远，预冷保鲜、分拣包装、物流运输等产后服务配套较好，同时，农机、植保等产前服务也发育良好；④园区为各类创业项目积极提供技术培训、品牌建设、政策咨询等服务。

生产园区自然延伸模式可概括为：以农业生产为核心，二三产业围绕第一产业自然延伸，彼此间有效衔接，共同促进农业提质增效、良性循环。此类园区的发展模式普遍适用于开展农业生产的城市郊区、农业大县、农业产业强镇、乡村等地区。

案 例

慈溪市坎墩大学生农业众创园

慈溪市坎墩大学生农业众创园位于慈溪城区北部，是按照田园景区化、产业融合化、管理数字化、生产绿色化的总体定位，打造新型农业人才的培养孵化基地。园区内智慧农业、休闲农业、创意农业、电商农业等蓬勃发展，为慈溪农业现代化发展注入新的动力。

"四统一"搭建平台，发挥集聚效益。政府按照统一规划布局、统一土地流转、统一设施配套、统一要素集聚原则，全面打造新农人回乡创业创新大平台。利用平台集聚效益，集聚土地、人才、科技、服务等要素，通过资源共享、人才共商、科技重点支持，为孵化园注入主体成长、项目成熟、产业提升的源动力。

"四补贴"配套政策，给予资金支持。为扶持大学生农创客创业，出台全方位的发展扶持政策。通过提供补贴、小额贷款项目、补贴贷款利息等方式，提供创业启动资金，减轻贷款压力；对入驻园区的新农人提供租金优惠、稳定承租期限，保障了土地要素的稳定性；依托市级特色园区项目，按占比给予不超过40%的项目补贴。

"四服务"优化环境，提供生产保障。依托大学生农创园服务中心，为青年大学生提供产销、技术、金融服务、农事服务等管家式贴心服务。搭建线上展销平台和线下购销平台，打通园区农产品多元销售渠道；搭建新型庄稼医院系统，帮助青年大学生与首席农技专家"一对一"结对帮扶，培育新型农业经营主体；与社会化农技服务组织合作，有效提高农业生产效率。

"四个新"激活动能，创新业态类型。园区引进新产业、新技术、新品种、新模式，形成农业发展新业态。园区积极引进新型特色农产品，运用各类新型技术40余项。创新电商模式、预售模式、会员制模式、休闲采摘模式等新型营销模式，为市民提供庭院设计、盆景栽培、家庭种植等特色服务。大学生农创客还积极探索创新农业发展新业态，形成农业产业新的增长点。

（二）加工园区横向拓展模式

加工型园区指以农产品初加工、精深加工、综合利用加工、乡村特色手工艺加工等制造业为主的创业创新园区。此类园区的特点有：①具有交通便捷的区位优势，原材料运抵和产成品运出的条件便利，已经形成一定规模的农产品加工产业；②园区内有一家或多家农产品加工龙头企业，在发展上注重产品创新、品质提升和品牌建设；③拥有较为稳定的农产品原料生产基地，例如在本地或外地拥有自有基地、订单基地，从而保障加工品具有较高品质；④园区可与农业科研院所等建立较为紧密的合作联系，拥有科技研发中心和孵化实训基地，为园区内农产品加工企业提供技术和服务支持。

加工园区横向拓展模式可概括为：以一个大型或多个产业相关的农产品加工企业组成，带动本地农产品加工向规模化、精深化、科技化发展。此类园区的发展模式一般适用于大宗农产品产地、优势特色农产品聚集区、交通便利的枢纽地区。

案 例

重庆市涪陵区现代农业产业园

重庆市涪陵区国家现代农业产业园位于涪陵长江以北地区，范围包括李渡、江北、百胜、珍溪四个镇街辖区。园区构建以榨菜产业为主导，中药材、经果林、蔬菜为配套产业的"1+3"现代农业产业体系，形成一二三产业融合发展格局，实现了由传统榨菜产业向现代农业的转型升级。

强化自主创新，推动传统产业升级。 园区以全产业链自主创新为支撑，在品种培育、种植、加工等环节加大科技投入。一是注重平台建设，园区依托重庆市渝东南农业科学院，建立南方芥菜品种改良与栽培技术国家工程实验室、国家级博士后科研工作站和市级专家服务基地，为促进榨菜产业提质升级提供重要支撑。二是注重工艺升级，园区大力推进工艺技术创新升级，研究推广膜浓缩、MVR蒸发浓缩等处理工艺，提升改造榨菜盐水处理技术，彻底解决了榨菜产业发展环保瓶颈问题。三是提升营销模式，产业园建立了现代物流园和全国直销、电商网点，拓展国际市场营销网络。

立足抱团发展，创新联农带农新模式。 园区构建"龙头企业+股份合作社+基地+农户"的生产经营模式，同时推行"一个保护价，两份保证金，一条利益链"机制。即：龙头企业以高价格收购农产品，农户向合作社缴纳保证金，合作社向企业缴纳保证金，同时将初加工交由合作社实施，把产业链增值收益更多留给农民，实现农民的多元增收。截至2019年底，共扶持培育26家龙头企业、124个合作社、18个家庭农场、1 311个加工户，成为全国最大的榨菜生产基地和国家"南菜北运"基地，共带动全区16余万农户60余万人参与种植。

聚焦链条建设，打造榨菜产业融合升级。 园区以种养为基础、以加工为纽带、以商贸物流为支撑，跨界配置农业与现代产业要素，推动农文旅深度融合。目前已建成现代农业科普教育基地、榨菜文化产业风情园、观光体验示范园等延伸项目，构建起"大生产+精加工+高科技+深融合+强服务"的全产业链格局。切实带动了区域乡村产业发展，促进农民增收致富。

图 3-24 榨菜智能化生产线

图 3-25 青菜头科研示范基地

（三）流通园区集群发展模式

流通型园区指以农产品净化、包装、预冷、保鲜、仓储、配送、批发等服务业为主的创业创新园区。此类园区的特点有：①位于大中型城市周边的农产品集散地，已经有多年的农产品批发零售行业供应链管理经验；②紧跟时代发展，注重信息化技术在农产品交易中的应用，已自建农产品交易信息管理平台；③园区以培训、指导等方式，鼓励入驻的中小商户使用信息技术，提高交易效率和销售情况分析能力；④向初级加工延伸，大力培育满足城市家庭、中小餐馆消费需求的净菜、预配菜、即烹菜、鲜切果等农产品初加工企业。

流通园区集群发展模式可概括为：以大中型流通企业、农贸批发市场为主导，推动园区内企业积极利用信息化、数字化技术提高效率、节约成本，生产更符合城市消费特点的生鲜农产品。此类园区的发展模式一般适用于交通枢纽、城市周边位置的农产品集散中心。

案 例

徐州雨润农副产品全球采购中心

徐州雨润农副产品全球采购中心占地约 2 200 亩*，位于苏鲁豫皖四省交界处，交通便利，是一家以蔬菜、果品、干货调味品、粮油市场等 10 大业态为主的综合性农副产品交易平台。中心依托地理优势，立足徐州，建立"园区+创业人员+合作社/生产企业/基地/农户+物流/电商+用户"的辐射性园区，构建包括农业生产、全球农产品物流直采直销、农机装备服务的农业上下游产业链。凭借互联网+云交易平台采购销售全球，开展线上互联网和线下实体店结合的双线营销模式，吸引相邻县、镇的农村"双创"人员就业和创业，逐渐整合。主要做法有：

一是搭建集中服务平台，优化创业环境。园区采取"项目落地、配套先行"的举措，先行建设了生活配套服务区，提供公共服务。园区还通过聚集各种经营要素，集中提供代理代办、创业辅导、信息咨询、融资贷款、金融保险、展示展销、洽谈服务

---

* 亩为非法定计量单位，1 亩 =1/15 公顷

和仓储物流等"一条龙"服务,极大减少了创业创新人员的办事成本。为返乡入乡创业提供便捷、稳定、覆盖广、成本低的创业服务。

二是搭建产品运营平台,促进园区转型升级。依托电子商务平台,搭建社区终端、团配业务。一方面,为上游农业生产者和农业代办经纪人引入政府指导、金融服务、农技指导、农资供应等服务。另一方面,为下游农产品销售商和农产品大宗采购商引入物流服务提供者、行情发布系统、农产品金融等服务。同时,联合上下游两端打造农产品交割标准的目标,实现了线上线下交易闭环,促进了园区传统销售业务的转型升级。

图 3-26 具有一定规模的徐州雨润农副产品全球采购中心形成聚集效应

图 3-27 新闻报道徐州雨润农副产品全球采购中心

(四)科技园区创新驱动模式

科技型园区指以农业科技研发为核心任务,拥有自主知识产权,集中提供品种展示、科技推广、成果转化等服务的创业创新园区。常见的有农业高新技术开发区、农业科技园区、农业科创中心等形式。此类园区的特点有:①园区推动了农业科技"产学研用"顺畅衔接,集中了实验、研发、应用、转化、量产等功能;②园区内或附近有农业高等院校、科研院所,可以源源不断地为科技园区输送人才;③园区内建有实验室、实验基地或者研发中心,注重技术交流合作和示范推广应用;④有掌握关键技术的农业科技企业入驻,例如育种企业、农机装备生产企业、兽药研发生产企业等,进一步营造良好的创业创新环境,发挥市场配置资源的作用。

科技园区创新驱动模式可概括为:以政府为主导,以农业高校和科研院所为依托,以农业高新技术企业为重要力量,形成顺畅的产学研用体系。此类园区的发展模式一般适用于农业院所等科研力量突出，农业基础较好的大中城市周边地区。

案　例

江苏南京白马国家农业科技园区

　　江苏南京白马国家农业科技园区位于南京市溧水区白马镇，规划总面积48.79平方千米。目前，已经初步形成以生物农业、智能装备制造、农产品加工、农业科技服务业等农业产业为特色的主导产业，集聚各类农业农村创业创新企业462家。主要做法有：

　　坚持规划引领，推动规模发展。白马镇政府编制详细规划，按照生产、加工、示范、服务功能进行合理布局，形成"一带两区四园"的产业空间布局。"一带"指优质蓝莓、黑莓种植带，"两区"是国家级产业化示范基地和省级农产品加工集中区，"四园"指农业高新技术开发园、现代都市休闲观光园、蓝莓黑莓高效种植示范园以及配套建设的农业废弃物资源再利用园。

　　实施创新驱动，推动高端发展。农高区科教资源丰富，入驻了南京农业大学、南京林业大学等7家知名高校院所。依托市级以上科研平台80个，取得农业科研成果600多项。通过校企合作研发高附加值产品90多种，一批新品种、种植新技术在本地区示范推广应用。建成2万平方米的国家级星创天地、4万平方米的国际农业博览中心，构建了以孵化园区为源头、科技园区为支撑、农业园区为载体的全链条农业科技创新型企业孵化育成体系。

　　健全产业链条，推动融合发展。大力推动"三产融合"，促进"农业科技创新＋产业集群"联动发展。一产以产业化标准化为主攻方向；二产加速推动"两莓"加工企业技术创新、设备更新、机制革新；三产开发农产品销售电子商务平台，同时每年举办品牌农业节庆活动提升影响力。园区还通过发展"美丽乡村＋特色产业""美丽乡村＋专业大户""美丽乡村＋休闲旅游"等新模式，形成了"红色旅游＋蓝色休闲"的乡村旅游新型业态。

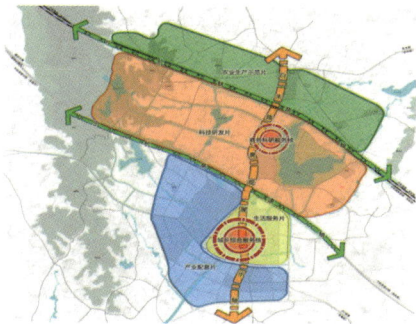

图3-28　江苏南京白马国家农业科技园区结构图

图3-29　江苏南京白马国家农业科技园区鸟瞰图

（五）电商园区营销带动模式

电商型园区指以农产品电子商务运营为主线，整合线上电商服务资源和线下设施场地资源，为农产品销售提供便利条件和信息服务的创业创新园区。此类园区的特点有：①近几年，随着信息技术迭代、消费需求升级而快速发展的，以电子商务为主导产业的新兴园区；②通常有一个本地的电子商务平台参与园区整体运营，并入驻了信息软件、设计研发、仓储物流等企业提供技术服务，园区成为县域快递物流重要节点，基础设施配套较为完善；③政府部门大力支持当地小微企业依托本地农业资源，积极开发满足个性化、品质化需求的特色产品、地方美食，并通过互联网渠道直接销售到消费者手中；④以年轻人创业为主，园区内的创业服务机构主动提供注册代办、金融支持、电商模拟实训等服务。

电商园区营销带动模式可概括为：以信息化技术较强的地方电子商务平台为主，为入驻的中小微涉农企业提供便捷的电商销售指导、支持等服务。此类园区的发展模式适用于交通较为便利、生活设施相对品质较好的地区，这样的营商环境更有利于吸引有技术、会营销的年轻人返乡入乡参与互联网创业。

案例

武功县工业园区电子商务产业园

武功县工业园区电子商务产业园位于武功县普集街道，占地105亩，建筑面积2.6万平方米。依托周围环绕陇海线铁路、西宝高速公路等重要铁路干道的优势，将园区与西安、宝鸡等地连接起来，形成面向西北、聚集货源的区位优势和成本优势，构建了"买西北、卖全国"的电子商务营销模式。

园区建设上，采取"政府引导、企业运作、农民参与、合作社支持"方式，通过搭建陕西美农电商平台，引入研发设计、品牌推广、仓储物流等企业提供技术服务，帮助农民创办电商企业，实现产业进园区、农民学电商、共同卖产品。

产品销售上，园区除扶持营销当地特色农产品的小微企业，还鼓励当地企业利用货运集散的优势，大力销售周边地市的苹果、核桃、红枣、杂粮等农产品；同时，为扩大销售规模、形成竞争优势，园区与新疆、青海、西藏等地建立战略合作关系，以云仓库发货的方式售卖新疆瓜果、干果和青藏牦牛肉等农产品。

配套服务上，通过加快建设电子商务数据保障中心、网上果品交易中心、农产品质量检测中心等综合配套设施，促使电商企业集聚，推进产业集中集群集约发展。此外，积极提供小额担保贷款、返乡创业贷款、一次性创业补贴等创业优惠政策，引入风投公司注资，解决大学生、返乡青年创业资金难的问题。

人才培育上，武功县以园区为基础，依托人社、农业农村、妇联、共青团等有关部门、社会团体和电商龙头企业，整合一批培训资源，针对农村创业群体，大力推进电子商务应用人才培训，培育和壮大农村电子商务经营主体。许多农村青年经过培训，开办网店售卖农产品，当上了"村淘店主""微商达人"和"带货主播"，促进了当地群众就地就近就业增收。

图3-30　武功县工业园区电子商务产业园

图3-31　武功县工业园区电子商务产业园—电商新城

（六）乡村休闲旅游园区新兴业态模式

乡村休闲旅游园区指开发农业农村生态、文化价值，发展休闲采摘、农业观光、农事体验、科普教育、健康养生和民俗民族风情体验等娱乐服务产业的创业创新园区。此类园区的特点有：①顺应近年来城镇消费者休闲旅游需要，在大中型城市周边，以及交通便利、环境优美、设施良好的乡村地区集中开发休闲农业项目；②产业上着重发展亲子游乐、风情观光、农事体验、采摘品鉴等休闲项目，园区引入众多中小创业主体自由经营、竞合发展；③以村集体、社区、景区等为发起方，制定明确的发展规划，确定本地区乡村休闲旅游发展重点，统筹管理园区内的经营主体，提供各类创业服务。

乡村休闲旅游园区新兴业态模式可概括为：以园区管理方为主导，依托本地自然和文化资源，制定切实可行的发展规划，引导入园创业经营主体共同推动本地完善旅游设施、打造休闲项目、提升服务品质、丰富伴手产品。此类园区的发展模式一般适用于有丰富的乡村旅游资源、优美惬意的田园风光或者技术先进的智慧农业、现代农业科教资源的乡村地区、城郊地区。

案 例

美丽南方田园综合体

广西南宁"美丽南方"田园综合体，位于"一带一路"沿线南宁市西乡塘区，当地田园风光秀丽，瓜果蔬菜种类繁多，原生橄榄林绿树成荫，还保存着许多独具文化特色的民俗风情和古民居建筑。忠良村、和安村等村庄共同开发这些自然文化资源，大力发展农家乐，形成以"吃农家饭、干农家活、住农家院、赏农家景"为乐趣的体验式乡村休闲旅游区。主要做法有：

一是聚集现代生产要素。园区高度重视农村土地、资金、人才等现代化农业要素的聚集。推动优质、连片土地向园区流转；整合财政涉农扶持资金、企业自筹资金、农民入股资金等三方资金向园区集中；与国内外科研机构、大中院校建立长期合作关系，聘用硕士或副高以上职称人才25人。

二是创新农村体制机制。园区开展了以土地入股、土地租用等多种形式的农村集体产权股份合作，带动2 350户农户以一二三产业融合发展方式参与园区建设。加快改革和推广农村金融模式，广泛开展小额担保贷款、联保贷款业务，通过先建后补、贷款贴息、以奖代补、风险补偿等形式，为创业农户提供启动资金。

三是完善公共基础设施。通过大力实施网络升级、智慧农业、全域旅游、环境提升、社会保障等工程，提高公共服务质量，吸引各类人才创业就业。加强与"农村淘宝"、美团、携程旅游等线上运营平台合作，扩大产品营销范围。

四是打造区域公共品牌。整合园区和新农村"两块"资源，联结企业、合作社、农户"三类"经营主体，实行统一管理、统一生产、统一收购、统一销售的"四统一"服务。通过整合资源、统一服务，解决园区内农户发展的后顾之忧，使其减少同质化竞争、专注个性化发展，共同打造"美丽南方"的休闲品牌。

图3-32　干净整洁的农家休闲小院

图3-33　美丽南方田园综合体景色宜人

（七）综合园区产业融合发展模式

综合型园区指农业的生产、加工、流通和科研、体验等多种经营活动并存，各方面发展较为均衡的农村一二三产业融合发展园区。此类园区的特点有：①围绕农业农村现代化发展，深度挖掘本地农业农村各领域、各环节潜在价值，具有乡村全面振兴的示范引领作用；②园区已构建形成"生产+加工+科技+营销+品牌+体验"多位一体、上下游产业衔接的发展格局，以及"预孵化+孵化器+稳定器+加速器"的创业格局；③园区建立专业化、精细化、互补化的产业集群，农业生产、加工流通、电商销售、物流配送、休闲采摘等上下游市场经营主体分工明确、衔接顺畅、互惠互利。

在具备农业资源禀赋、地理区位条件的情况下，综合园区融合发展模式是多数农村创业创新园区的发展方向。已有较好发展成效的生产型、加工型园区，会自发地纵向上下游延伸产业链，横向多元化拓展价值链，引入智创、科创、文创，构建充分挖掘农业功能价值的产业生态体系，形成基础设施完善、创业环境优良、创新氛围浓厚、产业融合发展的综合型园区，并进一步吸引返乡农民工、大中专毕业生、退役军人、科研人员、城镇职员、退休人员等各类人才返乡入乡创业创新，形成以创新带创业、以创业促就业的新格局。

案例

长春国信现代农业园区

长春国信现代农业产业园成立于2010年，下设17家子公司，流转土地1 000公顷，建成智能温室大棚208栋，打造了水稻、蔬菜、果木、食用菌4个产业示范基地，创业孵化、平台服务、品牌营销3个中心，益虫、果蔬2个研究所，吉林省国信职业培训学校和双阳乡村振兴学院2个学校，是涵盖农业科研示范、培训孵化和产业链条及有机产品等产品形态于一体的国家大众创业万众创新示范基地。

一是构建完善的三产融合产业链。基地围绕本地区农业资源禀赋和产业发展潜在价值增长点，构建了产业生产加工示范、服务体系完善、科技创新精准带动的农村创业创新链条。在产业布局上，按照"主导产业+相关产业+配套产业"的融合模式大力发展现代农业，建成水稻、蔬菜、果木、食用菌4个产业的生产加工示范园区，并依托田园风光、乡土文化、农耕体验等资源特色，发展特色休闲旅游产业，建设休闲农业和乡村旅游体验中心，将一二三产业有机整合、紧密相连、一体推进，带动当地农民就业创业，进一步拓宽了农民增收渠道。

二是加大科技创新研发力度。着力打造科技创新试验园、科技成果创新中心。在加强科技项目研发的基础上，做好科技成果转化，累计研发转化长白山野生熊蜂工厂化繁育技术、独角仙生物治理有机废弃物技术、东北蔬菜生态防控系统等科技成果12项。

三是强化主体培育和平台搭建。通过创业公开课、专业技术培训、进修学习、联盟服务等多维支撑，开展创业管理、科研管理、技能教育等，培育职业经理人、高级农技专家等技能人才和创业创新带头人。近年来，每年培训农村创业创新人才2万人以上，并先后培育出16名知名乡土创业创新人才。拓展和完善众创空间及创业孵化基地等涉农孵化器，搭建农业企业孵化园、返乡农民工创业孵化基地、返乡下乡大学生创业孵化基地等双创平台，吸引各类人才返乡入乡创业创新。

图 3-34　长春国信现代农业园区俯瞰图　　图 3-35　长春国信现代农业园区温室大棚近景

五、农村创业创新孵化实训基地主要发展模式

农村创业创新孵化实训基地是"大众创业、万众创新"向乡村延伸的桥头堡，对加快培育农村发展新动能具有不可替代的重要作用。近年来，一些涉农园区、涉农企业、农业产业强镇、特色乡村深入推进创新驱动发展战略，开辟专门场所，建立专门机构，为返乡入乡在乡创业创新人员提供注册代办、创业培训、政策咨询、项目诊断、专家指导、实训演练等一系列创业服务，协助创业市场经营主体引入互联网、物联网、大数据、人工智能、5G等新技术，改造农业农村生产生活方式，促进了农村创业创新高质量发展。经提炼总结各地各类农村创业创新孵化实训基地的共同特性，我们认为，无论是以孵化平台、众创空间、培训中心、科技推广中心、大学生创业基地等形式存在，还是以创业一条街、专业村、共享农庄等形式存在，只要位于县域及以下地区，集中提供创业服务场所和涉农经营场所，经常举办创业培训活动或者项目咨询服务的机构，均应属于农村创业创新孵化实训基地的范畴。

按照创办和运营单位性质，农村创业创新孵化实训基地主要分为园区附属型基地、企业建设型基地、镇村开发型基地、高校自建型基地等4类。各类基地的发展模式特点、适用范围总结如下。

（一）园区附属基地配套服务模式

园区附属型基地指由生产型、加工型、物流型或综合型等各类涉农园区，在园区内或者园区辐射地域范围内，设立的孵化实训基地。园区附属的孵化实训基地可以有1个或多个，共同的特点有：①基地的管理人员由园区委派，基地的发展规划、工作方向、任务重点等由园区统筹谋划、统一制定；②基地要配合园区主导产业发展需求，有侧重地帮助创业者共享园区资源要素、提升创业创新能力、提高创业成功率；③基地可位于园区内部，也可位于县域内不同乡镇，集中承担园区布置的创业培训、项目路演、创业指导、注册代办等配套服务。

园区附属基地配套服务模式可概括为：以各类涉农园区为主导，建设集中提供各类创业服务的场所，助推涉农园区建立创新驱动发展的长效机制。此类基地也是判断涉农园区是否同时为农村创业创新园区的标志，即附属建设了孵化实训基地的涉农园区，才符合农村创业创新园区的基本要求，否则仅是一般性质的产业园区。尚未建设附属孵化实训基地的农业生产园区、农产品加工园区、农产品物流园区，应当加快基地建设步伐，全面提升园区创业创新水平。

（二）企业建设基地相互借力模式

企业建设型基地一般是由农业产业化龙头企业、大型工商企业、产业协会、农民专业合作社等民间力量独办或合办的孵化实训基地。此类基地的特点有：①龙头企业利用自己的办公用楼，开辟出专门供中小微企业、初创企业注册经营的场所；②入驻的创业项目通常与该龙头企业主营业务有较为密切的联系，龙头企业一般会选择符合自身发展需要的创业项目投资参股；③龙头企业借助创业企业丰富自身产品线，降低开发新品的投入成本，入驻企业借助龙头企业成熟的销售渠道，提高创业的成功率。

企业建设基地相互借力模式可概括为：由民间企业主导，自发建设符合企业发展需求的孵化实训基地，入驻企业与建设企业形成良好的协作关系，双方共享创业成果。此类基地的发展模式一般适用于需要丰富产品线、扩大业务种类的农业产业化龙头企业或者其他工商企业。

案 例

山东四君子智造空间

山东四君子集团创立于1949年，位于菏泽市单县。集团2010年投资成立一家子公司，以创业孵化基地的形式，专注于农产品种植、农产品加工及销售、农业技术开发等领域的创业创新，形成番茄、牡丹、辣椒、芦笋、紫薇、山药、罗汉、羊肉汤等8项地方特色产业的创业创新联盟生态圈。主要做法经验有：

一是打造成果转化平台，加速产学研用结合。以提供公共基础设施和专业社会化服务的方式，构建科技创新和成果转化机制。集团创办智造空间、创客工厂，积极为各类中小微企业提供服务，包括共享研发中心、办公空间、社交空间和生产线等硬件资源，分享专家技术团队、创业投资基金、市场销售渠道等服务资源，已帮扶与创业项目176个。集团还牵头成立番茄协会，与合作社农户签订种植订单，并为番茄种植户提供信息交流、培训、考察等公益服务。

二是举办学生创业大赛，充分发掘优秀项目。2014年起，集团发起并连续举办7届"萌番姬杯"国际大学生农业创新创业大赛，累计吸引了82所高等院校的数万名大学生参与。大赛以科技创新为出发，激发大学生爱农情怀，鼓励参赛项目以农产品为原料，进行定向研发，提高产品附加值，特别是鼓励学生开发贫困地区的农产品精深加工，探索产业扶贫新路径。集团梳理出前景好、质量优的获奖创业项目，推动项目落地到集团的智造空间和众创空间等基地。

三是建立高校专家智库，助力返乡入乡创业。基地与涉农高校联系紧密，合作深入，充分利用多年举办大赛积累的专家委员会资源，为特色农业产业发展提供专家和技术人才支撑，秉持"扶上马送一程"的思路，建设成体系的农业创业培训课程，以农艺师训练营、农产品加工技术训练营、食品加工技术训练营和新型职业农民训练营的形式组织各类培训34次，推动地方产业良性发展。

图 3-36　萌番姬杯第三届国际大学生农业创新创业大赛

图 3-37　萌番姬创客咖啡

（三）村镇开发基地资源发掘模式

村镇开发型基地指由农业产业强镇、"一村一品"示范村镇、知名镇（乡、街道）、知名村屯等行政单位，在所辖地域上创办的孵化实训基地，也包括创业一条街、创业社区等由创业者自发形成的集中创业区域。此类基地的特点有：①镇（乡）、村等行政部门根据本地资源优势，科学的制定镇（乡）、村发展规划，将孵化实训基地作为重点项目纳入规划，推动本地农业农村现代化；②从特色农产品生产加工、特色手工艺制造、乡村文化传承等方面发力，构建共建、共生、共享的创业新格局；③注重引入农村创业创新导师，建立"创业培训+技能培训"的人才培养模式；④经营场所和生活场所重合或者紧密相连，乡村治理有效、环境整洁、美丽宜居；⑤积极宣传本地创业创新经验，发挥示范引领作用。

村镇开发基地资源发掘模式可概括为：镇、乡、村等行政部门贯彻落实国家"大众创业、万众创新"发展战略，打造创业基地，吸引各类人才返乡入乡创业创新，把增值收益、就业岗位更多留给农民。此类园区的发展模式适用范围也比较广，理论上各地乡村均可建设农村创业创新孵化实训基地，优化创业创新环境，让更多乡村能人愿意返回家乡、留在家乡、建设家乡。

案 例

战旗村双创基地

战旗村原名集凤大队，1965 年在兴修水利、改土改田活动中成为一面旗帜，取名战旗大队，后为战旗村。该村位于四川省成都市郫都区唐昌镇，距成都市区 50 千米，面积 5.36 平方千米，辖 25 个村民小组。战旗村充分发挥支部"火车头"作用，以党建引领乡村治理，引进专业社工机构，支持社区社会组织参与公共事务和公益事业，满足群众多样化服务需求，开办农民夜校，培育新时代新农民，逐步实现由"打工经济"向"创业经济"转型，实现了由"传统农村"到"全国文明村"的蜕变，探索出一条"农商文旅融合发展之路"。战旗村的主要经验做法有：

党建引领，改革兴村激发双创活力。战旗村通过以党建为引领，落实国家的土地整理政策，积极探索农村土地承包经营权、股份经济合作社股权、农民住房财产权等抵质押贷款新模式，建立农村双创工作服务站、土地交易服务平台、农产品交易平台、农村金融保险服务平台等，激活农村沉睡资产，推动资源变资产、资金变股金、农民变股东，农民获得了创业"第一桶金"。2010 年，战旗村利用 23.8 亩集体建设用地，与其他公司合建"战旗第 5 季妈妈农庄"。2015 年，利用原属村集体所办复合肥厂等集体经营性建设用地挂牌拍卖，全村收益超过 700 万元，引进了乡村旅游、文化艺术等 4个产业项目，打开了社会资本、民间资金有序进入农村市场的大门，为人才投资创业乡村提供了机遇。

筑巢引凤，培育新乡贤人才队伍。在引进优秀人才方面，战旗村探索了"高校+支部+农户"机制，与四川省农科院、省林科院合作"以才招才"，吸引聚集农业专家、企业科技人才、农业职业经理人等，连续 11 年开展大学生进村入户。推动返乡创业者成"领头雁"、外来投资者成"新村民"，培育壮大新乡贤队伍。在本土人才培育方面，战旗村大力培育新型职业农民，打造乡村振兴的中坚力量。分类培育布鞋匠人、竹编艺人、蜀绣达人等非遗传承人，发展传统手艺；依托四川战旗乡村振兴培训学院、农民夜校等载体，对农民企业家、新型农业经营主体和农民常态化开展实用技术、实践技能操作等培训，培育了一批乡村"土专家""田秀才""农能人"。

发展电商，新业态拓展创业新空间。战旗村抓住"互联网"机遇，大力发展农村电商，新业态创造出新活力，实现了经济新的腾飞。战旗村运用大数据、物联网等新技术，与"京东云创""猪八戒网""天下星农"等知名品牌营销公司合作，拓展特色农产品营销渠道，搭建"人人耘"种养平台，连接城乡两头，实现产销对接，催生订单农业等新业态新模式。战旗村还大力发展以草莓采摘、蓝莓采摘等项目为主的休闲观光农业，引进农事体验、农产品加工等产业项目，打造乡村旅游综合体项目，发展创意农业、"农业＋互联网"、农家乐等新商机，吸引了一批人才下乡投资、村民就近创业。

图 3-38　蜀绣创意工作室

图 3-39　战旗村情景院落式商业街区

（四）高校自建基地学生创业模式

高校自建基地指农业院校、工商院校、职业技能学院（学校）等科研单位，在校区或者农业资源丰富的县域地区创办、联办、合办的各类孵化实训基地。此类基地的特点有：①由学校对孵化实训基地进行管理，主要为大专院校在校生、毕业生提供优惠甚至免费的创业场地；②学校组织校内外专家、企业家等为学生提供创业指导，例如开设创业经营、股权设计、风险管控等专业培训课程，为有创业意愿或正在创业的学生提供更多扶持；③学生以小团队形式创业，各自发挥所长，创业项目涉及农业技术应用、功能食品/风味食品开发等科研成果转化；④学生拥有创意灵感和专业知识，但在市场前景、创业风险等方面还缺乏经验，更加需要相关业界的指点和扶持。

高校自建基地学生创业模式可概括为：以各类学校为主导，在教学过程中增加创业课程，为有创业意愿的学生提供实践锻炼场所，为自主就业、创办企业的毕业生提供帮扶。此类园区的发展模式一般适用于各类拥有农业教学试验基地的大专院校、职业学院,有些院校的孵化实训基地距离乡村较远，因此还应加强与县域基层农村创业创新园区（基地）的合作共建。

案 例 一

沈阳农业大学三农创梦空间

沈阳农业大学三农创梦空间建于 2015 年，总体建筑面积 5 620 平方米，由学校创新创业教育中心（学生创新创业与就业指导处）统一管理，致力于打造创新型人才培养、农业产业化创新实践、创新创业项目孵化为一体的特色综合服务平台。

打造创业帮扶平台，提升综合服务水平。 硬件方面，学校将创梦空间分为项目洽谈接待区、项目运行管理区、项目办公区、项目产品展示区 4 个部分。为每个入驻孵化项目免费提供 20 平方米左右办公场地和办公桌椅、电脑等设备，成长项目 2 年内还可享受房租、水、电、暖、网、电话等费用减免优惠。软件方面，选派工作人员及业务教师专门进修，全面研学双创相关政策文件、理论观点和方法模式，并开设"沈农创新创业教育中心"微信公众号、"沈农创孵·优秀项目展"，为在校学生搭建一个良好的创新创业学习、交流的平台。

完善人才培育机制，举办多种创业活动。 创梦空间把创业创新融入农科学校的应用创新型人才培养体系全过程。空间聘请学校相关专业教师，以及金融法律、工商管理、企业营销、风投机构等校外专家，组建专有创业创新导师，为入驻企业提供开业指导、创业培训、资金投入、市场拓展、财务管理、法律咨询、诊断考核等相应支持。创梦空间还积极通过学校渠道，与农业企业、农业科技示范园和农业科技特派团等联系，共办覆盖特色产业、科技扶贫、农村电商以及技术技能培训等多方面的专场活动，已累计组织技能培训、项目路演、沙龙讲堂等创业活动 100 余场次，参与学生数千人次。

发挥高校资源优势，加快科研成果转化。 依托沈阳农业大学 58 个本科专业、114 个硕士专业、72 个博士专业和 6 个博士后流动站，以及 93 个省部级以上科学研究机构，为学生创新创业、科技扶贫、农业技术推广提供良好的科技支撑。学校将占地 500 亩的日光温室、果园、资源圃等科研基地核心区，纳入创新创业实践区，免费对创梦空间的大学生创客、入孵企业人员开放，传播学校最新科研成果，形成"科研基地+专家+创客""科学研究+生产实践+成果熟化推广"有机结合的孵化模式。

图 3-40　优秀创业项目校园展示活动

图 3-41　入驻企业开展科普活动

案 例 二

重庆市北碚国家大学科技园

科技园位于重庆市北碚区城南新区，是由西南大学、重庆市北碚区人民政府和深圳东南集团联合共建的国家级大学科技园。园区作为科技创业综合服务的平台和机构，依托西南大学科研实力，将大学综合科技资源与社会资源相结合，推进政产学研用紧密结合、科技型中小企业孵化、新兴产业培育、创业创新人才培养，同时为区域经济发展提供有力支撑。主要做法有：

一是推动产学研合作，促进科技成果转化。 园区在抓好基础设施建设同时，注重依托大学进行科技成果转化。构建成果转移转化政策体系，通过向外转让、许可使用、自行投资、作价入股等多种形式保障"校地企"沟通顺畅，为创业的大学生、科研团队提供企业对接，加快成果落地落实。共享科研平台与信息一体化，园区构建了"易企"信息化平台、"小微企业专利托管平台"，联通校、区多个网络，鼓励园区内企业与高校研发平台以多种形式合作，共享科研成果，为双创团队和企业提供高校专家智力支持和创业指导服务。推进人才进企业，让科研人员走进企业，与企业联动"组团"进入农村深入了解农民实际需要，实现科企融合服务三农。科技园还通过在石柱、秀山、忠县建立技术创新基地，将科技创新与当地农业生产相结合，在中药材（黄连）、优质粮油、高效生态优质蚕业等方面取得了良好效果，促进了当地经济发展。

二是积极搭建创业创新服务体系。 一方面，通过引入金融资本，支持大学生创业创新。园区构建了多元化种子基金、大学生创业专项基金、产业投资基金、风险投资基金，以满足不同领域、不同双创主体大小、不同发展阶段需要。另一方面，充分发挥大学科技园的作用，与西南大学招生就业处等单位紧密协作，建立学生"双实双业"基地，不定期组织有意向和准备自主创业的大学生进行培训，并安排毕业大学生到园区对口企业实习，发现所学专业与实际产业的结合点，有效促进了人才培养质量的提高。

三是注重创业教育，不断集聚培育创业创新人才。 西南大学成立了创新创业学院，面向全日制本科生开设"大学生创业基础""创新思维训练"等13门通识选修网络课程。园区也参与制定《西南大学深化创新创业教育改革实施方案》，在创业创新课程设置、创业实践平台建设、孵化培育平台建设、双创经费保障等方面发挥重要作用。同时，园区通过组织和参与各类创业创新活动选拔人才，激发创业创新人才活力，不断壮大双创人才队伍。此外，园区还引进高端工程技术人才、中青年高级专家、科技型企业人才100人到园创业创新。

图 3-42   重庆市北碚国家大学科技园

附录一
2020 年农村创业创新政策汇编

关于进一步推动返乡入乡创业工作的意见

人社部发〔2019〕129 号

各省、自治区、直辖市及新疆生产建设兵团人力资源社会保障厅（局）、财政厅（局）、农业农村（农牧）厅（局、委）：

支持农民工、高校毕业生和退役军人等人员返乡入乡创业，是落实就业优先政策、实施乡村振兴战略、打赢脱贫攻坚战的重要举措。为贯彻落实党中央、国务院的决策部署，进一步推动返乡入乡创业工作，以创新带动创业，以创业带动就业，促进农村一二三产业融合发展，实现更充分、更高质量就业，现提出以下意见。

一、加大政策支持

（一）**落实创业扶持政策**。返乡入乡创业人员可在创业地享受与当地劳动者同等的创业扶持政策。对返乡入乡创业人员符合条件的，及时落实税费减免、场地安排等政策。对首次创业、正常经营 1 年以上的返乡入乡创业人员，可给予一次性创业补贴。对返乡入乡创业企业吸纳就业困难人员、农村建档立卡贫困人员就业的，按规定给予社会保险补贴，符合条件的可参照新型农业经营主体支持政策给予支持。

（二）**落实创业担保贷款政策**。加大对符合条件的返乡入乡创业人员创业担保贷款贴息支持力度。建立诚信台账和信息库，探索建立信用乡村、信用园区、创业孵化示范基地、创业孵化实训基地推荐免担保机制。落实创业担保贷款奖补政策，合理安排贴息资金。鼓励创业担保贷款担保基金运营管理机构等单位多渠道筹集资金，更好服务创业就业。开启"互联网＋返乡入乡创业企业＋信贷"新路径，将"政府＋银行＋保险"融资模式推广到返乡入乡创业。

二、提升创业培训

（三）**扩大培训规模**。将有培训需求的返乡入乡创业人员全部纳入创业培训范围，依托普通高校、职业院校、教育培训机构等各类优质培训资源，根据创业意向、区域经济特色和重点产业需求，开展有针对性的返乡入乡创业培训。对返乡入乡创业带头人开展创业能力提升培训，充分发挥辐射和带动作用。

（四）**提升培训质量**。积极探索创业培训＋技能培训，创业培训与区域产业相结合的培训模式，根据返乡入乡创业人员特点，开发一批特色专业和示范性培训课程。实施培训下乡"直通车"、农民夜校、远程培训、网络培训，推动优质培训资源城乡共享，提高培训的针对性、实用性和便捷度。探索组建专业化、规模化、制度化的创业导师队伍，发挥"师带徒"效应。

（五）落实培训补贴。对参加返乡入乡创业培训的农民工、建档立卡贫困人口、大学生和退役士兵等人员，按规定落实培训补贴。有条件的地方可按规定通过项目制方式购买培训项目，为符合条件的返乡入乡创业人员提供培训。各地可结合实际需要，对师资培训、管理人员培训、管理平台开发等基础工作给予支持。

三、优化创业服务

（六）提升服务能力。依托县乡政务服务中心办事大厅设立创业服务专门窗口，为返乡入乡创业人员就地就近提供政策申请、社保接续等服务。提升基层创业服务能力，完善县以下公共就业服务机构创业服务功能，建立基层服务人员管理和培训机制。组建企业家、创业成功人士、专业技术人员等组成的专家团，向返乡入乡创业人员提供咨询指导。支持运用就业创业服务补助，向社会购买基本就业创业服务成果，引导各类市场化服务机构为返乡入乡创业提供服务，加强绩效管理。

（七）强化载体服务。加强返乡入乡创业园、创业孵化基地、农村创新创业孵化实训基地等各类返乡入乡创业载体建设，为返乡入乡创业人员提供低成本、全要素、便利化的创业服务。构建"生产+加工+科技+营销+品牌+体验"多位一体、上下游产业衔接的创业格局，打造'预孵化+孵化器+加速器+稳定器'的全产业链孵化体系，力争 5—10 年农村创新创业孵化实训基地覆盖全国所有县（市、区）。落实房租物业费减免、水电暖费定额补贴等优惠政策，降低入驻企业和创业者经营成本。鼓励有条件的地方，在符合条件的乡村开辟延伸寄递物流线路及网点，降低返乡入乡创业企业生产经营成本。引入天使投资、创业投资、风险投资基金等，缓解入驻企业和创业者融资难题。有条件的地区可根据入驻实体数量、孵化效果和带动就业成效，给予一定奖补。

（八）健全社会保险和社会救助机制。推进扶贫车间、卫星工厂、返乡入乡创业小微企业等按规定参加工伤保险。开展新业态从业人员职业伤害保障试点。对返乡入乡创业失败的劳动者，按规定提供就业服务、就业援助和社会救助。

四、加强人才支撑

（九）做好用工服务。建立返乡入乡创业企业用工需求信息采集制度，提供信息发布、用工指导等服务。引导返乡入乡创业企业对技能岗位招用人员积极开展培训。对返乡入乡创业的农民专业合作社、专业技术协会、手工艺传承人等机构或个人作为主体提供培训的，可按规定给予培训补贴。实施专业技术人才知识更新工程，对返乡入乡创业专业技术人才给予倾斜支持。

（十）深化招才引智。建立本地外出人员联络机制，引进一批返乡入乡人才，发掘一批"田秀才""土专家""乡创客"和能工巧匠，以乡情亲情吸引企业家、专家学者、技术技能人才等回乡创业创新，按规定为返乡入乡创业人员和引进人才及其家庭提供配套公共服务。返乡入乡创业企业招用的技术技能人才、经营管理人才，要纳入当地人才引进政策支持范围，按规定在项目申报、职称评审以及各类重点人才选拔培养奖励项目等方面予以倾斜。返乡入乡创业集中地区可设立专家服务基地。继续开展返乡入乡创业急需紧缺专业技术人才培养、技术维护培训等活动。

五、强化组织实施

（十一）加强组织领导。建立健全部门协调机制，积极争取当地政府支持，把返乡入乡创业工作摆上重要议事日程，建立协调推进机制，制定工作方案，明确任务分工，落实部门责任。健全完善调查统计制度，加强动态监测和调查分析。建立完善领导干部联系返乡入乡创业企业制度，掌握返乡入乡创业需求，及时化解难题。

（十二）加强引导扶持。结合地方资源禀赋和产业优势，合理确定返乡入乡创业工作方向，鼓励发展"一县一品、一乡一业"创业模式，培育"一村一品"示范村镇。落实"互联网＋返乡入乡创业"，实施信息进村入户工程、电子商务进农村综合示范等项目，支持返乡入乡创业人员开展技术、产品、管理模式、商业模式等创新，进一步提升返乡入乡创业效能。

（十三）强化示范带动。以劳务输出规模较大、返乡入乡创业意愿较强、工作基础和条件相对成熟的县为重点，推出一批返乡入乡创业示范县，各地在资金、政策等方面给予倾斜支持。建设一批返乡入乡创业示范载体，推动创业创新资源集聚。遴选一批创新性强、适用面广、示范性好的优质返乡入乡创业示范项目，给予跟踪帮扶。

（十四）加大宣传力度。鼓励举办返乡入乡创业大赛、项目展示交流等活动，组建返乡下乡创业联盟，大力宣传推进返乡入乡创业的政策措施、经验做法和创业典型人物，大力弘扬创业创新文化，营造鼓励创业创新的良好氛围。对为当地经济社会发展作出突出贡献、带动就业效果好的返乡入乡创业优秀带头人和优秀乡村企业家，加强典型宣传推介，并按规定予以表彰。

各地要结合实际，积极探索、大胆创新，加强对返乡入乡创业人员的政策支持和服务保障，优化返乡入乡创业环境，推动返乡入乡创业工作不断开创新局面。

人力资源社会保障部　财政部　农业农村部

2019 年 12 月 10 日

关于推动返乡入乡创业高质量发展的意见

发改就业〔2020〕104 号

各省、自治区、直辖市及计划单列市、新疆生产建设兵团有关部门和单位：

支持农民工等人员返乡入乡创业，是党中央、国务院作出的重大决策部署。近年来，返乡入乡创业呈现蓬勃发展态势，激发了全社会创新创业创造活力，助推了脱贫攻坚，加快了乡村振兴，促进了城镇化建设和城乡融合发展，稳定扩大就业效果逐步显现。但同时，一些突出矛盾和问题仍然不同程度存在，制约了返乡入乡创业。为推动返乡入乡创业高质量发展，现提出以下意见。

一、总体要求

（一）**指导思想**。以习近平新时代中国特色社会主义思想为指导，全面贯彻党的十九大和十九届二中、三中、四中全会精神，坚持以人民为中心的发展思想，牢固树立新发展理念，落实高质量发展要求，深入实施就业优先政策和区域协调发展战略，进一步完善体制机制、创新政策举措、强化服务保障，不断优化创业环境、降低创业成本、提升创业带动就业能力，推动返乡入乡创业高质量发展，为更好保障和改善民生提供有力支撑。

（二）**基本原则**

市场主导，政府引导。强化创业人员和企业主体地位，依托市场力量有效带动返乡入乡创业。更好发挥政府作用，推动形成部门协同、上下联动、政策协调的局面，引导返乡入乡创业高质量发展。

统筹推进，示范引领。把返乡入乡创业与新型城镇化建设、乡村振兴和脱贫攻坚等紧密结合，纳入经济社会发展全局和稳就业大局统筹推进。加强试点示范，引领带动返乡入乡创业再上新台阶。

深化改革，优化环境。以改革推动返乡入乡创业，打破体制机制障碍，大力提升主体带动能力、平台服务能力、要素支撑能力，为返乡入乡创业营造良好的发展环境。

问题导向，精准施策。聚焦融资、用地、人才、服务等方面突出问题，加快创新完善政策措施，为各类人员返乡入乡创业提供全方位政策制度支撑。

（三）**总体目标**。经过 3—5 年努力，工作协同、政策协调的机制更加顺畅，支持返乡入乡创业的政策体系更加完善，返乡入乡创业环境进一步优化，市场主体活力进一步迸发，产业转移承接能力进一步增强，带动就业能力进一步提升。到 2025 年，打造一批具有较强影响力、一二三产业融合发展的返乡入乡创业产业园、示范区（县），全国各类返乡入乡创业人员达到 1500 万人以上，带动就业人数达到 6 000 万人左右。

二、深化"放管服"改革，优化返乡入乡创业营商环境

（四）**推进简政放权**。持续深化商事制度改革，全面实施市场准入负面清单制度，以服务业为重点试点进一步放宽市场准入限制，简化优化审批手续和流程，清理各类不合理的审批和许可事项，坚决防止增加不合理收费项目，降低市场准入门槛和制度性交易成本，破除制约劳动者返乡入乡创业的体制机制障碍。（发展改革委、市场监管总局等按职责分工负责）

（五）**优化创业服务**。大力发展"互联网＋政务服务"，鼓励网上审批，加快推进政务服务"一网通办"，推广实施网上办、马上办、全程帮办等服务。鼓励县级以上地区设立返乡入乡创业"一站式"综合服务平台。整合优化县乡服务资源，积极打造覆盖县、乡、村的创业服务网络。（发展改革委、人力资源社会保障部、农业农村部、市场监管总局等按职责分工负责）

（六）**培育中介服务市场**。鼓励、支持和引导地方积极培育市场化中介服务机构，鼓励和支持大型市场化中介服务机构跨区域拓展，加强资源整合与信息共享，为返乡入乡创业人员和企业提供管理咨询、创业指导、资源对接、市场开拓等深度服务。（人力资源社会保障部牵头负责）

（七）**构建亲商安商的良好环境**。劳务输出地要积极建立权力清单和责任清单制度，完善更加公开透明的权力运行机制，形成引得进、留得住、干得好的发展环境，主动与长三角、珠三角、京津冀等地加强合作，通过开展返乡入乡创业投资对接会、招商洽谈会等方式，积极招引投资和承接产业转移。（发展改革委、商务部按职责分工负责）

三、加大财税政策支持，降低返乡入乡创业生产经营成本

（八）**创新财政资金支持方式**。统筹利用现有资金渠道或有条件的地区因地制宜设立返乡入乡创业资金，为返乡入乡创业人员和企业提供支持。充分利用外经贸发展专项资金，支持中西部和东北地区承接加工贸易梯度转移，带动促进返乡创业。允许发行地方政府专项债券支持符合条件的返乡入乡创业产业园、示范区（县）建设项目。（财政部、人力资源社会保障部、商务部、发展改革委等按职责分工负责）

（九）**实施税费减免**。对返乡入乡创业企业招用建档立卡贫困人口、登记失业人员，符合条件的，按规定落实税收优惠等政策。对入驻返乡入乡创业示范基地、创新创业园区（基地）、创业孵化基地等场所或租用各类园区标准化厂房生产的返乡入乡创业企业，各地可对厂房租金、卫生费、管理费等给予一定额度减免。（财政部、税务总局、人力资源社会保障部、发展改革委等按职责分工负责）

四、创新金融服务，缓解返乡入乡创业融资难题

（十）**加大贷款支持。**各地要加强与相关金融机构合作，创新金融产品和服务，加大对返乡入乡创业企业金融支持。推动城市商业银行、农村商业银行、农村信用社业务逐步回归本源，县域吸收的存款优先用于返乡入乡创业。鼓励和支持国有商业银行合理赋予县域支行信贷业务审批权限，激发县域支行支持返乡入乡创业融资积极性。支持相关银行对暂时存在流动资金贷款偿还困难且符合相关条件的返乡入乡创业企业给予展期。适当提高对返乡入乡创业企业贷款不良率的容忍度。（人民银行、财政部、银保监会等按职责分工负责）

（十一）**引导直接融资。**切实发挥国家中小企业发展基金、国家新兴产业创业投资引导基金及各地的产业引导基金、创业投资基金等作用，撬动更多社会资本支持返乡入乡创业。进一步放开资本市场，积极利用上市、发行债券等方式拓宽融资渠道。支持私募股权投资基金加大对返乡入乡创业支持力度。加大债券产品创新，支持返乡入乡创业企业通过发行创新创业公司债券等进行融资。（工业和信息化部、财政部、发展改革委、证监会、人民银行、银保监会等按职责分工负责）

（十二）**创新担保方式。**探索实施返乡入乡创业信用贷款政策，鼓励在返乡创业试点地区拓展返乡入乡创业企业信用贷款业务。完善创业担保贷款政策，放宽小微企业创业担保贷款申请条件。加快完善政府性融资担保体系，充分发挥国家融资担保基金等作用，积极为符合条件的返乡入乡创业市场主体实施融资担保。推广"银行保险+政策性担保"合作融资模式，鼓励保险公司为返乡入乡创业人员提供贷款保证保险产品。（银保监会、财政部、人民银行、人力资源社会保障部、发展改革委等按职责分工负责）

（十三）**扩大抵押物范围。**加快宅基地、集体建设用地以及农房等农村不动产确权登记，完善集体经营性建设用地抵押制度。在宅基地制度改革试点框架下，有条件的地区按照风险可控原则，稳妥探索宅基地使用权抵押贷款业务。探索实施利用大型农机具、股权、商标、应收账款等抵（质）押贷款，不断拓展抵（质）押物范围。（自然资源部、农业农村部、人民银行、银保监会等按职责分工负责）

五、健全用地支持政策，保障返乡入乡创业生产经营空间

（十四）**优先保障返乡入乡创业用地。**统筹安排相关产业用地，切实保障返乡入乡创业用地需求。各地在安排年度新增建设用地计划指标时，要加大对返乡入乡创业人员从事新产业新业态发展用地的支持。移民搬迁旧宅基地腾退节余的建设用地指标和村庄建设用地整治复垦腾退的建设用地指标，优先用于返乡入乡创业生产经营。（自然资源部、农业农村部等按职责分工负责）

（十五）**完善土地利用方式。**创新土地流转政策，鼓励承包农户依法采取转包、出

租、互换、转让及入股等方式流转承包地，鼓励长期外出务工的农民家庭将相对闲置的承包地集中流转给返乡入乡创业企业，用于农业生产经营。拓展农村宅基地所有权、资格权、使用权"三权分置"改革试点，鼓励针对返乡入乡创业人员和企业先行先试。返乡入乡人员创办农业休闲观光度假场所和农家乐的，可依法使用集体建设用地。（自然资源部、住房城乡建设部、农业农村部等按职责分工负责）

（十六）**盘活存量土地资源。**盘活工厂、公用设施等的闲置房产、空闲土地，结合交通区位、产业基础、生产条件等实际情况，依法依规实施改造利用，为返乡入乡创业人员提供低成本生产和办公场地。（自然资源部、农业农村部、住房城乡建设部、发展改革委、人力资源社会保障部、工业和信息化部、科技部等按职责分工负责）

六、优化人力资源，增强返乡入乡创业发展动力

（十七）**强化创业培训。**持续实施返乡入乡创业培训行动计划，使每位有意愿的创业者都能接受一次创业培训。实施返乡入乡创业带头人培养计划，对具有发展潜力和带头示范作用的返乡入乡创业人员，依托普通高校、职业院校（含技工院校，下同）、优质培训机构、公共职业技能培训平台等开展创业能力提升培训，符合条件的，按规定纳入职业培训补贴范围。（人力资源社会保障部、农业农村部、教育部等按职责分工负责）

（十八）**大力培养本地人才。**坚持需求导向，依托科教园区、各级各类学校特别是职业院校，实施产教融合、校企合作，开设返乡入乡创业特色产业相关专业，支持返乡入乡创业企业与院校合作订单式培养急需紧缺专业人才。大规模开展职业技能培训，大力培养适应返乡入乡创业企业需求的高素质劳动者。（教育部、人力资源社会保障部、农业农村部等按职责分工负责）

（十九）**加快职业技能培训平台共建共享。**围绕地方和返乡入乡创业发展需求，支持部分返乡创业试点地区建设一批公共实训基地，支持有条件的职业院校、企业深化校企合作并建设产教融合实训基地，依托大中型企业、知名村镇、大中专院校等力量建设一批农村创新创业孵化实训基地，为返乡入乡创业提供职业技能培训基础平台支撑。（发展改革委、人力资源社会保障部、教育部、农业农村部等按职责分工负责）

（二十）**加强人才引进。**制定返乡入乡创业"引人""育人""留人"政策措施。鼓励返乡入乡创业企业招用各类人才，各地可参照当地人才引进政策给予奖励、住房补贴等支持。鼓励专业技术人才以技术投资、入股等方式转让、转化科研成果，帮助支持返乡入乡创业企业发展。（人力资源社会保障部、科技部等按职责分工负责）

七、完善配套设施和服务，强化返乡入乡创业基础支撑

（二十一）**完善基础设施。**通过加大政府投资、引导社会资本投入等多种方式，支持中西部和东北地区进一步完善信息、交通、寄递、物流等基础设施。进一步健全以县、

乡、村三级物流节点为支撑的物流网络体系，打通农村物流"最后一公里"。深化电子商务进农村综合示范工作。（发展改革委、工业和信息化部、交通运输部、国家邮政局、商务部等按职责分工负责）

（二十二）**搭建创业平台。**在统筹谋划基础上，支持和引导地方建设一批特色突出、设施齐全的返乡入乡创业园区（基地）。在现有各类园区基础上，整合资源、共建共享，改造提升一批乡情浓厚、产业集中、营商环境良好的返乡入乡创业产业园。支持各地推广新型孵化模式，整合建设一批创业孵化基地、小型微型企业创业创新基地、众创空间和星创天地等平台，并将其打造成为综合性返乡入乡创业孵化载体。（发展改革委、财政部、工业和信息化部、银保监会、人力资源社会保障部、科技部、农业农村部等按职责分工负责）

（二十三）**优化基本公共服务。**进一步放开城镇落户条件，对符合条件的各类返乡入乡创业人员及其共同生活的配偶、子女和父母全面放开落户限制。增加优质教育、住房等供给，解决返乡入乡创业人员子女入学、居住等实际问题。将符合条件的返乡创业人员纳入城镇住房保障范围。加快推进全国统一的社会保险公共服务平台建设，切实为返乡入乡创业人员妥善办理社保关系转移接续。建立以社会保障卡为载体的"一卡通"服务管理模式，做好社会保障服务工作。对创业失败的劳动者，符合条件的，按规定提供就业服务、就业援助和社会救助。（发展改革委、公安部、教育部、住房城乡建设部、人力资源社会保障部、民政部等按职责分工负责）

八、强化组织保障，确保返乡入乡创业政策任务落地见效

（二十四）**加强组织领导。**各地要强化责任意识，加强系统谋划，把返乡入乡创业纳入到经济社会发展全局和稳就业大局中统筹谋划和推进，建立健全返乡入乡创业工作机制，统筹制定实施方案、年度计划、目标任务和政策措施。各地区、各有关部门要加强协作，调动各方力量、整合各种资源，共同解决工作中遇到的困难和问题。（各部门按职责分工负责）

（二十五）**强化评估考核。**完善督查评估和考核机制，有关创业就业项目和资金安排与督查考核结果挂钩。对返乡创业试点地区进行检查考核，对工作成效明显的地区加大激励支持力度，对试点动力不足、主动作为不够、措施落实不到位的地区及时调整退出。（发展改革委、人力资源社会保障部等按职责分工负责）

（二十六）**做好宣传引导。**创新宣传方式，加强政策宣传解读，总结推广试点示范好经验好做法，大力宣传返乡入乡创业典型和优秀乡村企业家案例，鼓励举办创新创业大赛、创业训练营、创业大讲堂和各类展示活动，营造全社会广泛关心、支持和参与返乡入乡创业的良好氛围。（发展改革委、人力资源社会保障部、农业农村部、工业和信息化部等按职责分工负责）

　　各地区、各有关部门要进一步提高政治站位，充分认识支持农民工等人员返乡入乡创业的重要性和紧迫性，牢固树立一盘棋的思想，切实加强组织领导，认真落实本意见各项要求，细化、实化政策措施，加大要素保障力度，加快优化创业环境，推动返乡入乡创业高质量发展。

国家发展改革委　教育部　科技部　工业和信息化部

公安部　民政部　财政部　人力资源社会保障部

自然资源部 住房城乡建设部　交通运输部 农业农村部

商务部　人民银行　税务总局　市场监管总局

银保监会　证监会　国家邮政局

2020 年 1 月 19 日

关于深入实施农村创新创业带头人培育行动的意见

农产发〔2020〕3 号

各省、自治区、直辖市及新疆生产建设兵团农业农村（农牧）厅（局、委）、发展改革委、教育厅（局、委）、科技厅（局、委）、财政厅（局）、人力资源社会保障厅（局）、自然资源主管部门、退役军人事务厅（局）、银保监局：

创新创业是乡村产业振兴的重要动能，人才是创新创业的核心要素。农村创新创业带头人饱含乡土情怀、具有超前眼光、充满创业激情、富有奉献精神，是带动农村经济发展和农民就业增收的乡村企业家。近年来，农村创新创业环境不断改善，涌现了一批农村创新创业带头人，成为引领乡村产业发展的重要力量。但仍存在总量不大、层次不高、带动力不强等问题，亟须加快培育壮大。为贯彻《中共中央、国务院关于抓好"三农"领域重点工作确保如期实现全面小康的意见》部署，深入实施农村创新创业带头人培育行动，大力发展富民乡村产业，奠定决胜全面建成小康社会的物质基础，现提出如下意见。

一、总体要求

（一）指导思想。以习近平新时代中国特色社会主义思想为指导，全面贯彻落实党的十九大和十九届二中、三中、四中全会精神，坚持农业农村优先和就业优先方针，以实施乡村振兴战略为总抓手，紧扣乡村产业振兴目标，强化创新驱动，加强指导服务，优化创业环境，培育一批扎根乡村、服务农业、带动农民的农村创新创业带头人，发挥"头雁效应"，以创新带动创业，以创业带动就业，以就业促进增收，为全面建成小康社会、推进乡村全面振兴提供有力支撑。

（二）基本原则。

市场主体、政府引导。尊重市场主体，激活资源要素，激发创造活力，各尽其能，各展所长。更好发挥政府作用，优化创新创业环境，营造崇尚创新、勇于创业、勤劳致富的氛围。

产业为基、就业为本。依托农业农村资源，发掘农业多种功能和乡村多重价值，发展特色突出、关联度高、产业链长的产业。推行包容性、共享式发展，吸纳更多农村劳动力就地就近就业。

创新驱动、创业带动。充分利用现代科技成果，开发新技术新产品，催生新产业新业态，以创新引领创业。弘扬企业家精神，在创业中实现自身价值，在带动中体现社会价值。

联农带农、富民兴乡。坚持以农民为主体，建立紧密利益联结机制，带着农民干、帮着农民赚。加快全产业链和全价值链建设，把二三产业留在乡村，把增值收益更多地留给农民，实现富裕农民、繁荣乡村。

（三）**总体目标**。到2025年，农村创新创业环境明显改善，创新创业层次显著提升，创新创业队伍不断壮大，乡村产业发展动能更加强劲。农村创新创业带头人达到100万以上，农业重点县的行政村基本实现全覆盖。

二、明确培育重点

（四）**扶持返乡创业农民工**。以乡情感召、政策吸引、事业凝聚，引导有资金积累、技术专长、市场信息和经营头脑的返乡农民工在农村创新创业。遴选一批创业激情旺盛的返乡农民工，加强指导服务，重点发展特色种植业、规模养殖业、加工流通业、乡村服务业、休闲旅游业、劳动密集型制造业等，吸纳更多农村劳动力就地就近就业。

（五）**鼓励入乡创业人员**。营造引得进、留得住、干得好的乡村营商环境，引导大中专毕业生、退役军人、科技人员等入乡创业，应用新技术、开发新产品、开拓新市场，引入智创、文创、农创，丰富乡村产业发展类型，带动更多农民学技术、闯市场、创品牌，提升乡村产业的层次水平。

（六）**发掘在乡创业能人**。挖掘"田秀才""土专家""乡创客"等乡土人才，以及乡村工匠、文化能人、手工艺人等能工巧匠，支持创办家庭工场、手工作坊、乡村车间，创响"乡字号""土字号"乡土特色产品，保护传统手工艺，发掘乡村非物质文化遗产资源，带动农民就业增收。

三、强化政策扶持

（七）**加大财政政策支持**。统筹利用好现有创新创业扶持政策，为符合条件的返乡入乡创业人员和企业提供支持，农村创新创业带头人可按规定申领。鼓励地方统筹利用现有资金渠道，支持农村创新创业带头人兴办企业、做大产业。允许发行地方政府专项债券，支持农村创新创业园和孵化实训基地中符合条件的项目建设。对首次创业、正常经营1年以上的农村创新创业带头人，按规定给予一次性创业补贴。对入驻创业示范基地、创新创业园区和孵化实训基地的农村创新创业带头人创办的企业，可对厂房租金等相关费用给予一定额度减免。

（八）**加大金融政策支持**。引导相关金融机构创新金融产品和服务方式，支持农村创新创业带头人创办的企业。落实创业担保贷款贴息政策，大力扶持返乡入乡人员创新创业。发挥国家融资担保基金等政府性融资担保体系作用，积极为农村创新创业带头人提供融资担保。引导各类产业发展基金、创业投资基金投入农村创新创业带头人创办的项目。推广"互联网+返乡创业+信贷"等农村贷款融资模式。

（九）加大创业用地支持。各地新编县乡级国土空间规划、省级制定土地利用年度计划应做好农村创新创业用地保障。推进农村集体经营性建设用地入市改革，支持开展县域农村闲置宅基地、农业生产与村庄建设复合用地、村庄空闲地等土地综合整治，农村集体经营性建设用地、复垦腾退建设用地指标，优先用于乡村新产业新业态和返乡入乡创新创业。允许在符合国土空间规划和用途管制要求、不占用永久基本农田和生态保护红线的前提下，探索创新用地方式，支持农村创新创业带头人创办乡村旅游等新产业新业态。

（十）加大人才政策支持。支持和鼓励高校、科研院所等事业单位科研人员，按国家有关规定离岗到乡村创办企业，允许科技人员以科技成果作价入股农村创新创业企业。将农村创新创业带头人及其所需人才纳入地方政府人才引进政策奖励和住房补贴等范围。对符合条件的农村创新创业带头人及其共同生活的配偶、子女和父母全面放开城镇落户限制，纳入城镇住房保障范围，增加优质教育、住房等供给。加快推进全国统一的社会保险公共服务平台建设，切实为农村创新创业带头人及其所需人才妥善办理社保关系转移接续。

四、加强创业培训

（十一）加大培训力度。实施返乡入乡创业带头人培养计划，对具有发展潜力和带头示范作用的返乡入乡创业人员，依托普通高校、职业院校、优质培训机构、公共职业技能培训平台等开展创业培训。将农村创新创业带头人纳入创业培训重点对象，支持有意愿人员参加创业培训。符合条件的，按规定纳入职业培训补贴范围，所需资金从职业技能提升行动（2019—2021 年）专账资金列支。

（十二）创新培训方式。支持有条件的职业院校、企业深化校企合作，依托大型农业企业、知名村镇、大中专院校等建设一批农村创新创业孵化实训基地，为返乡入乡创新创业带头人提供职业技能培训基础平台。充分利用门户网站、远程视频、云互动平台、微课堂、融媒体等现代信息技术手段，提供灵活便捷的在线培训，创新开设产品研发、工艺改造、新型业态、风险防控、5G 技术、区块链等前沿课程。

（十三）提升培训质量。积极探索创业培训+技能培训，创业培训与区域产业相结合的培训模式。根据返乡入乡创新创业带头人特点，开发一批特色专业和示范培训课程。大力推行互动教学、案例教学和现场观摩教学，开设农村创新创业带头人创业经验研讨课。组建专业化、规模化、制度化的创新创业导师队伍和专家顾问团，建立"一对一""师带徒"培养机制。

五、优化创业服务

（十四）提供优质服务。县乡政府要在政务大厅设立农村创新创业服务窗口，打通部门间信息查询互认通道，集中提供项目选择、技术支持、政策咨询、注册代办等一站式服务。各级政府在门户网站均应设立农村创新创业网页专栏，推进政务服务"一网通办"、扶持政策"一键查询"。发挥乡村产业服务指导机构作用，为农村创新创业带头人提供政策解读、项目咨询、土地流转、科技推广、用人用工等方面的服务。

（十五）**聚集服务功能。**严格落实园区设立用地审核要求，依托现代农业产业园、农产品加工园、高新技术园区等，建设一批乡情浓厚、特色突出、设施齐全的农村创新创业园区。建设一批集"生产＋加工＋科技＋营销＋品牌＋体验"于一体、"预孵化＋孵化器＋加速器＋稳定器"全产业链的农村创新创业孵化实训基地、众创空间和星创天地等，帮助农村创新创业带头人开展上下游配套创业。

（十六）**拓宽服务渠道。**积极培育市场化中介服务机构，发挥行业协会商会作用，组建农村创新创业联盟，实现信息共享、抱团创业。建立"互联网＋创新创业"模式，推进农村创新创业带头人在线、实时与资本、技术、商超和电商对接，利用5G技术、云平台和大数据等创新创业。完善农村信息、交通、寄递、物流线路及网点等设施，健全以县、乡、村三级物流节点为支撑的物流网络体系。

六、强化组织保障

（十七）**加强组织领导。**各地要把农村创新创业带头人培育纳入经济社会发展全局和稳就业大局中统筹谋划和推进，建立健全农村创新创业带头人培育工作机制，制定工作方案，明确任务分工，落实部门责任。各相关部门要加强协作，心往一处想、劲往一处使，聚力抓好落实。各级农业农村部门要主动作为，尽职履责抓好农村创新创业带头人培育有关工作。

（十八）**选好培育对象。**农村创新创业带头人要爱党爱国、遵纪守法、品行端正、个人信用记录良好，有能力、有意愿带动农民就业致富。农村创新创业带头人遴选要公开公平公正，得到社会公认，并经村公示、乡（镇）审核，报县（市）农业农村部门备案，确定为农村创新创业带头人。

（十九）**推进政策落实。**各地要把支持农村创新创业带头人培育的扶持政策列出清单，建立政策明白卡，逐项抓好落实。结合农民工职业技能培训实施，支持农村创新创业带头人培育。引导金融机构加大对农村创新创业带头人的信贷支持力度。

（二十）**开展监测评估。**县级要建立农村创新创业带头人信息档案库，跟踪收集带头人参加培训、创办企业、实施项目、享受政策扶持等情况，每年进行动态调整。建立调度制度，半年一小结、全年一总结。建立评估机制，对各地开展农村创新创业带头人培育工作进行评估，对成效显著的县（市）推介为"全国农村创新创业典型案例"。

（二十一）**加强宣传引导。**挖掘一批农村创新创业带头人鲜活案例，讲好励志创业故事。对创新创业活跃、联农带农紧密、业绩特别突出的农村创新创业优秀带头人，可按国家有关规定予以表彰。充分运用报刊、电视、广播、网络等全媒体资源，宣传农村创新创业带头人典型事迹，营造激情创新创业、梦圆乡村振兴的良好氛围。

农业农村部　国家发展改革委　教育部　科技部
财政部人力资源社会保障部自然资源部
退役军人部　银保监会
2020 年 6 月 13 日

关于推进返乡入乡创业园建设
提升农村创业创新水平的意见

农产发〔2020〕5号

各省、自治区、直辖市及新疆生产建设兵团农业农村（农牧）厅（局、委）、科技厅（局、委）、财政厅（局）、人力资源社会保障厅（局）、自然资源主管部门、商务厅（委、局）、银保监局：

返乡入乡创业园是在县域内，以培育初创型和成长型企业为重点，集中提供创业场所和创业服务的各类园区（基地）。近年来，农村创业创新环境持续改善，返乡入乡创业人员不断增多，为乡村产业振兴注入了强劲动力。但是，农村创业创新仍存在要素聚集较低、政策集成不够、服务集合不强等问题，需要搭建平台，提升创业创新水平。为贯彻党中央"六稳""六保"部署，落实《国务院办公厅关于提升大众创业万众创新示范基地带动作用进一步促改革稳就业强动能的实施意见》（国办发〔2020〕26号）要求，加快建设一批县域返乡入乡创业园，打造农村创业创新升级版，现提出如下意见。

一、总体要求

（一）指导思想。以习近平新时代中国特色社会主义思想为指导，以实施乡村振兴战略为总抓手，践行新发展理念，坚持就业优先，强化创新引领，高质量建设一批县域返乡入乡创业园，推进要素集聚、政策集成、服务集合，吸引农民工等就地就近创业就业，深入推进农村创业创新，为乡村全面振兴和农业农村现代化提供有力支撑。

（二）基本原则

坚持政府扶持、市场导向。更好发挥政府作用，重点发挥财政撬动作用、金融支撑作用。发挥市场配置资源的决定性作用，支持和引导社会资本参与返乡入乡创业园建设。

坚持产业为基、就业为本。立足当地资源优势和主导产业，依托现有各类园区、产业集群和镇（乡）物流节点，加强基础设施和公共服务设施建设。推行包容性、共享式发展，吸纳返乡入乡人员创业，带动更多农民工就业。

坚持创新驱动、创业带动。充分利用现代科技成果，开发新技术新产品，催生新产业新业态，以创新引领创业。弘扬企业家精神，在创业中实现自身价值，在带动中体现社会价值。

坚持服务优先、能力提升。以服务返乡入乡人员创业为宗旨，以创业主体需求为导向，优化创业创新软硬环境，增强主体带动能力、要素支撑能力、平台服务能力，倡导敬业、精益、专注、宽容失败的文化，不断提高服务质量和效率。

（三）目标任务。到2025年，重点依托现有相关园区存量资源，配套创业服务功能，在全国县域建设1 500个功能全、服务优、覆盖面广、承载力强、孵化率高的返乡入乡创业园，基本覆盖农牧渔业大县（市）和劳务输出重点县（市），吸引300万返乡入乡人员创业创新，带动2 000万农民工就地就近就业。

二、明确返乡入乡创业园建设重点

（四）新建一批返乡入乡创业园。利用"大众创业万众创新"示范基地，以及农业科技园、优势特色产业集群、现代农业产业园、农业产业强镇等农业项目，新建一批特色突出、设施齐全的返乡入乡创业园，搭建众创空间和星创天地等平台，构建"生产+加工+科技+营销+品牌+体验"多位一体、上下游产业衔接的创业格局。

（五）提升一批返乡入乡创业园。依托现有农民创业园、科技创业园、农村创业创新园、返乡创业园等各类创业园，改造水电环保、光纤宽带、成果转化、检验检测等配套设施，集成培训、见习、实习、实训、咨询、孵化等功能，扩充信息咨询、创业辅导、科技研发、金融保险等服务，融合原料生产、加工流通、休闲旅游、农村电商等产业，增强返乡入乡创业园服务功能。

（六）拓展一批返乡入乡创业园。依托经济开发区、高新技术园、现代农业产业园、农产品加工园、工业园、电商园、物流园、休闲旅游园等，配置现代产业要素，嫁接成熟生产技术，匹配优秀管理人才，引入天使投资、创业投资、风险投资基金等，开发一批返乡入乡创业园。

（七）整合一批返乡入乡创业园。依托农业产业化龙头企业、大型工商企业、大中专院校、知名村镇、重点农民合作社等，挖掘现有设施潜力，配齐办公场所、科研仪器、创意开发工具、公共软件等，配套创业培训、政策咨询、专家指导、技术对接、实训演练、事务代理等服务，集中提供公共服务支持返乡入乡创业初创主体。

三、完善返乡入乡创业政策

（八）强化财政扶持政策。通过现有资金渠道，支持符合条件的返乡入乡创业园区和孵化实训基地建设。充分发挥各类政府投资基金引导作用，支持返乡入乡人员兴办企业、做大产业。对首次创业、正常经营1年以上的返乡入乡创业人员，可给予一次性创业补贴。

（九）落实税费减免政策。对返乡入乡创业企业招用登记失业人员，符合条件的，按规定落实税收优惠等政策。对入驻返乡入乡创业园、孵化实训基地等场所或租用各类园区标准化厂房生产的返乡入乡创业企业，各地可对厂房租金、房租物业费、卫生费、管理费等给予一定额度减免。

（十）**创新金融保险服务。**引导相关金融机构创新金融产品和服务方式，支持返乡入乡人员创办的企业。落实创业担保贷款和贴息政策，加大对符合条件的返乡入乡创业个人支持力度。推广"互联网＋返乡创业＋信贷""政府＋银行＋保险"等农村贷款融资模式，设立信用园区，形成支持白名单，逐步取消反担保，建立绿色通道，做到应贷尽贷快贷。稳妥探索大型农机具、股权、商标、应收账款等抵（质）押贷款，不断拓展抵（质）押物范围。鼓励相关银行对暂时存在流动资金贷款偿还困难且符合相关条件的返乡入乡创业企业给予展期。适当提高对返乡入乡创业企业贷款不良率的容忍度。

（十一）**引导社会资本投入。**按照"政府引导、市场运作、科学决策、风险防范"的原则，细化落实用地、环评等具体政策措施，引导社会资本、政府投资基金等对返乡入乡创业园的企业进行股权投资。支持返乡入乡创业企业通过发行创业创新公司债券、县城新型城镇化建设专项企业债券等方式，实现债权融资。支持互联网公司、电商平台和农业产业化龙头企业参与返乡入乡创业园建设。

（十二）**保障园区建设用地。**各地新编县乡级国土空间规划、省级制定土地利用年度计划中，应做好返乡入乡创业用地保障。稳妥有序引导使用农村集体经营性建设用地、村庄整治复垦腾退建设用地指标，优先用于返乡入乡建设标准化厂房，创办小型加工项目。依法依规改造利用盘活工厂、公用设施等闲置房产、空闲土地，为返乡入乡创业人员提供低成本生产和办公场地。返乡入乡人员创办农业休闲观光度假场所和农家乐的，可依法依规使用集体建设用地。允许在符合国土空间规划和用途管制要求、不占用永久基本农田和生态保护红线的前提下，探索创新用地方式，支持返乡入乡人员发展乡村旅游等新产业新业态。

（十三）**强化创业人才支撑。**鼓励和支持高校、科研机构等单位专业技术人才离岗到乡村创办企业，允许科技人员以科技成果作价入股返乡入乡人员创办的企业。将返乡入乡创业企业所需人才按规定纳入当地政府人才引进政策支持范围。对符合条件的返乡入乡创业人员及其共同生活的配偶、子女和父母全面放开城镇落户限制，纳入城镇住房保障范围，增加优质教育、住房等供给。加快推进全国统一的社会保险公共服务平台建设，为返乡入乡创业人员及其所需人才办理社保关系转移接续。

四、优化返乡入乡创业指导服务

（十四）**完善服务体系。**依托人力资源开发、创业辅导等创业服务机构，为返乡入乡创业团队提供"初创扶持、政策咨询、技能实训、项目评估、创业孵化、工商注册、项目申报、法律咨询、金融服务、经营管理、检验检测、市场拓展、品牌策划"等"一条龙"创业服务，举办"项目路演、实操实训、沙龙讲堂、导师把脉"主题活动，为返乡入乡创业项目提供前期智力支撑、决策参考和学习交流。

（十五）**便捷注册服务。**支持返乡入乡创业园建设服务窗口，打通部门间信息查询互认通道，集中提供项目选择、技术支持、政策咨询、注册代办等一站式、个性化服务。推进政务服务"一网通办"。发挥服务指导机构作用，发展众创、众包、众筹、众扶新模式，建立创业创新数据库，为返乡入乡创业人员提供全方位创业服务。

（十六）强化信息服务。完善信息、交通、寄递、物流线路及网点等设施，健全以物流节点为支撑的物流网络体系，提高互联网、物联网、云计算、大数据、5G技术等信息技术的应用能力，建立"互联网＋创业创新"模式，为返乡入乡创业提供便捷、稳定、广覆盖、低成本的信息网络基础设施和研发、设计、制造、经营管理、营销、融资等服务。

（十七）推动产创联动。构建各类返乡入乡创业创新主体紧密协作的网络，围绕产业链，推动骨干企业与入驻企业合作共享，打造生产协同、创新协同、战略协同的创业链。引导银行、投资机构、中小企业信用担保机构与创业企业对接，构建与返乡入乡创业相协调的资金链，形成主体互补、研发支撑、金融助力的创业生态环境。

五、聚集返乡入乡创业培训资源

（十八）扩大培训范围。实施返乡入乡创业带头人培育行动，对具有发展潜力和带头示范作用的返乡入乡创业人员，依托普通高校、职业院校、优质培训机构、公共职业技能培训平台等开展创业能力提升培训。将返乡入乡创业人员纳入创业培训重点对象，让有意愿的都能接受一次创业培训，符合条件的纳入职业培训补贴范围。

（十九）创新培训方式。支持有条件的职业院校、企业深化校企合作，为返乡入乡创业带头人提供创业培训服务。充分利用远程视频、云互动平台等现代信息技术手段，提供灵活便捷的在线培训，创新开设产品研发、工艺改造、新型业态、风险防控、5G技术、区块链等前沿课程。有针对性地开展返乡创业培训行动计划、高素质农民培育计划、农村实用人才带头人培训、农村青年创业致富"领头雁"计划、贫困村创业致富带头人培训工程、农村创业致富女带头人培育计划等培训项目，提升返乡入乡人员创业创新能力。

（二十）提升培训质量。积极探索创业培训与区域产业相结合的培训模式。根据返乡入乡创业带头人特点，开发一批特色专业和示范培训课程。大力推行互动教学、案例教学和现场观摩教学，开设返乡入乡创业人员经验研讨课。利用互联网及新媒体平台开展线上培训。

（二十一）建设创业导师队伍。组建返乡入乡人员创业导师队伍和专家顾问团。建立专家创业导师队伍，重点从大专院校、科研院所等单位遴选一批科研人才、政策专家、会计师、设计师、律师等，为返乡入乡创业人员提供创业项目、技术要点等指导服务。建立企业家创业导师队伍，重点从农业产业化龙头企业、新型农业经营主体中遴选一批乡村企业家，为返乡入乡创业人员提供政策运用、市场拓展等指导服务。

六、保障措施

（二十二）**健全工作机制**。各地要建立健全返乡入乡创业园建设部门协调机制，加强工作协调，推进任务落实。县级要成立由政府负责同志任组长的协调推进组，强化责任落实，推进项目建设。

（二十三）**落细扶持政策**。各地要列出政策清单，建立政策落实台账，加强调度，逐项落实，确保政策落地生效。逐步构建国家级、省级、市级、县级返乡入乡创业园建设体系，分层级审批。

（二十四）**加强宣传引导**。宣传推介一批返乡入乡创业园鲜活经验，推广一批返乡入乡创业的典型案例，搭建"乡创客"宣传推介平台，对表现优秀的"乡创客"给予奖励。弘扬创业精神、企业家精神和工匠精神，倡导诚实守信守法，崇尚创新、鼓励创业的良好环境。

农业农村部　科技部　财政部　人力资源社会保障部
自然资源部　商务部　银保监会
2020 年 11 月 7 日

附录二

2020 年返乡入乡创业创新情况

数据测算表

2020年返乡入乡创业创新情况监测调查主要指标表

指标	单位	全国	吉林	黑龙江	江苏	浙江
一、分地区样本县主要统计指标平均值**						
1.2020年县域平均农村创业创新培训班次数	次	57.0	39.9	10.8	72.4	77.1
2.2020年县域平均农村创业创新培训人次	人次	3 149.0	1 731.7	839.3	6 690.9	5 323.9
3.平均乡镇/街道农村创业创新孵化基地覆盖率	%	29.0	16.9	14.4	64.5	42.1
4.县域平均每位创业创新者获取的政府补贴金额	元/人	1 068.9	78.7	183.2	1 691.1	1 533.7
5.县域平均年销售收入500万元及以上涉农企业数	个	71.0	44.3	17.3	200.8	91.1
6.县域设立创业创新基金的数量占比	%	25.4	0.4	10.2	50.1	29.8
7.县域设立创业创新公共服务机构的数量占比	%	42.0	29.8	40.1	59.9	29.9
二、分地区创业环境总体评价*						
1.非常好	%	50.2	52.0	54.6	56.4	46.8
2.比较好	%	35.9	34.0	32.9	33.4	40.4
3.一般	%	12.8	12.1	12.0	9.9	11.6
4.不太好	%	1.1	1.9	0.5	0.3	1.2
三、分地区近年来返乡创业人员增长情况判断*						
1.非常快	%	3.0	2.8	1.7	4.4	1.1
2.较快	%	29.7	16.1	12.8	33.9	31.1
3.变化不大	%	67.3	81.1	85.5	61.7	67.8
四、分地区行政村主要产业方向*						
1.粮油作物	%	60.3	80.6	85.0	67.8	43.9
2.蔬菜种植	%	40.7	37.2	28.3	37.8	35.6
3.果品种植	%	42.6	21.7	4.4	36.1	42.2
4.中药材种植	%	15.7	28.9	12.2	2.8	6.1
5.特色手工业	%	4.3	2.2	2.8	6.7	2.8
6.畜禽养殖	%	41.4	40.6	36.1	28.9	16.7
7.水产养殖	%	19.3	6.1	2.2	43.3	19.4
8.农产品加工	%	15.2	17.2	16.7	15.6	12.8
9.乡村旅游	%	16.3	15.0	5.0	13.3	22.2
10.农产品电商	%	10.0	11.1	2.8	12.2	6.1
11.其他	%	15.8	7.8	13.9	14.4	20.0

注：1.*是样本数据，**是抽样估计结果；

2.试点调查数据中的部分异常值进行了相关处理；

3.行政村主要产业方向为多选题。

（续）

指标	单位	江西	山东	河南	湖南	广东
一、分地区样本县主要统计指标平均值**						
1. 2020 年县域平均农村创业创新培训班次数	次	22.4	41.3	26.5	32.8	27.2
2. 2020 年县域平均农村创业创新培训人次	人次	1 997.3	3 095.4	2 245.1	1 561.3	1 319.3
3. 平均乡镇/街道农村创业创新孵化基地覆盖率	%	20.0	29.7	38.9	31.7	15.6
4. 县域平均每位创业创新者获取的政府补贴金额	元/人	318.4	105.7	507.2	107.4	162.3
5. 县域平均年销售收入 500 万元及以上涉农企业数	个	35.5	87.8	153.4	106.5	29.3
6. 县域设立创业创新基金的数量占比	%	20.2	9.8	25.3	49.9	19.8
7. 县域设立创业创新公共服务机构的数量占比	%	50.3	30.1	75.3	70.2	20.4
二、分地区创业环境总体评价*						
1. 非常好	%	48.3	64.4	52.6	56.4	38.8
2. 比较好	%	35.5	28.1	32.9	34.4	38.0
3. 一般	%	15.7	7.3	12.9	8.8	19.7
4. 不太好	%	0.5	0.2	1.6	0.4	3.5
三、分地区近年来返乡创业人员增长情况判断*						
1. 非常快	%	0.5	2.9	3.0	4.9	1.7
2. 较快	%	23.0	14.5	33.7	45.9	24.9
3. 变化不大	%	76.5	82.6	63.3	49.2	73.4
四、分地区行政村主要产业方向*						
1. 粮油作物	%	77.5	50.0	63.3	65.6	57.6
2. 蔬菜种植	%	36.1	36.6	30.1	47.0	45.2
3. 果品种植	%	47.1	38.4	46.4	59.0	48.6
4. 中药材种植	%	13.6	2.9	26.5	14.2	10.2
5. 特色手工业	%	5.2	2.3	3.6	7.1	5.6
6. 畜禽养殖	%	35.1	20.3	38.6	61.7	40.7
7. 水产养殖	%	29.8	3.5	16.3	35.5	33.9
8. 农产品加工	%	15.7	8.1	11.4	27.9	17.5
9. 乡村旅游	%	13.6	11.0	13.3	26.2	14.1
10. 农产品电商	%	7.9	7.6	4.8	19.1	7.9
11. 其他	%	13.1	16.9	18.1	8.2	11.3

（续）

指标	单位	重庆	四川	云南	陕西	甘肃
一、分地区样本县主要统计指标平均值**						
1. 2020 年县域平均农村创业创新培训班次数	次	113.7	71.1	96.6	71.7	117.8
2. 2020 年县域平均农村创业创新培训人次	人次	4 038.3	3 494.1	5 025.4	5 070.5	2 799.8
3. 平均乡镇/街道农村创业创新孵化基地覆盖率	%	34.9	19.3	31.7	24.5	24.6
4. 县域平均每位创业创新者获取的政府补贴金额	元/人	422.7	196.9	206.7	366.3	861.6
5. 县域平均年销售收入 500 万元及以上涉农企业数	个	128.6	27.2	36.1	19.5	44.0
6. 县域设立创业创新基金的数量占比	%	59.9	29.8	19.8	9.7	20.3
7. 县域设立创业创新公共服务机构的数量占比	%	70.3	30.1	29.6	40.2	19.9
二、分地区创业环境总体评价*						
1. 非常好	%	55.0	47.4	40.8	56.6	41.8
2. 比较好	%	32.4	40.8	36.9	31.6	43.0
3. 一般	%	11.1	10.7	21.2	10.2	14.4
4. 不太好	%	1.5	1.1	1.1	1.6	0.8
三、分地区近年来返乡创业人员增长情况判断*						
1. 非常快	%	4.5	5.1	4.4	2.3	3.2
2. 较快	%	36.9	38.4	25.0	34.5	47.5
3. 变化不大	%	58.6	56.5	70.6	63.2	49.3
四、分地区行政村主要产业方向*						
1. 粮油作物	%	57.4	43.5	53.3	50.8	43.7
2. 蔬菜种植	%	60.8	50.3	50.0	36.2	38.0
3. 果品种植	%	64.8	59.3	42.8	46.9	39.2
4. 中药材种植	%	14.8	23.2	19.4	34.5	10.1
5. 特色手工业	%	6.8	4.5	2.2	5.6	2.5
6. 畜禽养殖	%	42.6	59.3	62.2	48.6	48.7
7. 水产养殖	%	44.9	20.3	3.9	5.6	1.3
8. 农产品加工	%	13.1	10.7	18.9	17.5	7.6
9. 乡村旅游	%	36.4	27.7	6.7	12.4	10.8
10. 农产品电商	%	19.9	10.7	10.0	15.3	3.2
11. 其他	%	15.9	13.6	32.2	23.2	13.3

返乡入乡创业创新经营实体主创人出生年份结构　　　　　　　　　单位：%

地区	1970 生年份	1971—1980	1981—1990	1991 以后
全国	38.9	37.6	19.8	3.7
吉林	44.7	37.8	14.7	2.8
黑龙江	35.0	44.1	18.3	2.6
江苏	44.7	34.2	17.8	3.3
浙江	47.6	32.6	16.6	3.2
江西	35.5	46.5	15.7	2.3
山东	40.7	34.5	21.6	3.2
河南	47.6	37.6	12.9	1.9
湖南	41.0	37.5	19.0	2.5
广东	42.8	29.5	22.4	5.3
重庆	42.1	37.5	18.0	2.4
四川	33.4	38.9	22.2	5.5
云南	26.8	40.3	27.8	5.1
陕西	38.8	37.0	19.4	4.8
甘肃	34.7	39.0	21.0	5.3

返乡入乡创业创新经营实体主创人性别结构　　　　　　　　　单位：%

地区	男	女
全国	85.6	14.4
吉林	82.5	17.5
黑龙江	93.8	6.2
江苏	89.7	10.3
浙江	83.3	16.7
江西	87.8	12.2
山东	88.5	11.5
河南	90.8	9.2
湖南	88.9	11.1
广东	89.6	10.4
重庆	80.2	19.8
四川	85.5	14.5
云南	77.0	23.0
陕西	86.1	13.9
甘肃	85.0	15.0

返乡入乡创业创新经营实体主创人身份结构　　　　　单位：%

地区	返乡农民工	返乡个体经营者	企业主	中高等院校毕业生	退役军人	离退休人员	科技人员	城市白领	行政事业单位工作人员	大学生村官	留学归国人员	其他
全国	70.1	9.8	7.6	5.6	3.8	0.8	0.8	0.4	0.3	0.2	0.1	0.5
吉林	76.6	7.8	6.9	4.6	1.8	0.3	0.4	0.4	0.4	0.0	0.1	0.7
黑龙江	82.4	4.3	4.8	5.4	1.4	0.5	0.2	0.0	0.2	0.2	0.0	0.6
江苏	58.1	12.5	11.4	6.7	4.3	2.8	1.3	0.7	0.3	1.2	0.3	0.4
浙江	58.3	17.9	8.6	7.2	3.9	1.4	0.7	1.1	0.4	0.0	0.0	0.5
江西	68.5	11.5	8.7	2.7	4.4	0.9	1.4	0.7	0.5	0.2	0.0	0.5
山东	66.9	11.6	6.1	6.3	6.5	0.6	1.0	0.0	0.0	0.0	0.2	0.8
河南	69.4	12.0	6.6	3.5	6.6	0.7	0.5	0.2	0.0	0.0	0.0	0.5
湖南	72.1	12.4	5.2	3.9	4.1	0.5	0.7	0.2	0.3	0.0	0.0	0.4
广东	69.2	9.8	6.7	6.0	4.9	0.6	0.5	0.5	0.6	0.1	0.0	0.5
重庆	65.7	7.0	16.8	4.3	3.9	0.5	0.5	0.5	0.3	0.0	0.1	0.4
四川	76.5	8.1	4.1	4.9	4.0	0.7	0.3	0.3	0.4	0.1	0.2	0.4
云南	73.8	7.5	5.4	7.2	2.9	0.2	2.1	0.0	0.4	0.2	0.0	0.3
陕西	72.4	10.2	5.8	5.6	3.5	0.2	1.1	0.0	0.0	0.0	0.0	0.7
甘肃	73.4	8.0	5.9	7.6	3.4	0.5	0.3	0.2	0.1	0.1	0.1	0.4

返乡入乡创业创新经营实体主创人学历结构　　　　　单位：%

地区	研究生及以上	本科	大专	中专或职业高中	高中	初中及以下
全国	0.3	3.8	10.1	9.8	26.1	49.9
吉林	0.1	3.4	7.7	6.8	18.0	64.0
黑龙江	0.0	1.4	10.1	4.5	21.4	62.6
江苏	0.9	6.8	12.2	12.4	26.1	41.6
浙江	0.1	5.5	12.2	8.9	20.4	52.9
江西	0.4	3.9	11.7	7.8	29.7	46.5
山东	0.2	4.0	11.6	16.6	31.7	35.9
河南	0.0	2.6	6.3	8.9	40.6	41.6
湖南	0.7	3.4	9.0	9.0	37.7	40.2
广东	0.5	2.9	10.7	12.4	23.2	50.3
重庆	0.4	5.1	13.9	7.9	28.4	44.3
四川	0.1	3.2	9.9	11.0	23.6	52.2
云南	0.2	3.4	6.2	11.8	13.1	65.3
陕西	0.0	2.5	8.3	8.5	30.5	50.2
甘肃	0.4	2.9	9.6	9.4	32.0	45.7

返乡入乡创业创新主体主创人参加创业培训情况结构　　　　　　　　单位：%

地区	参加过	从未参加
全国	73.9	26.1
吉林	71.9	28.1
黑龙江	63.8	36.2
江苏	82.6	17.4
浙江	78.8	21.2
江西	71.4	28.6
山东	66.8	33.2
河南	82.2	17.8
湖南	78.3	21.7
广东	59.5	40.5
重庆	70.7	29.3
四川	79.4	20.6
云南	70.8	29.2
陕西	73.5	26.5
甘肃	76.5	23.5

返乡入乡创业创新经营实体上年总收入结构　　　　　　　　单位：%

地区	1 万及以下	1 万～5 万	5 万～10 万	10 万～20 万	20 万～50 万	50 万以上
全国	8.4	14.0	15.6	18.2	20.3	23.5
吉林	10.1	15.3	18.0	21.5	16.8	18.3
黑龙江	2.0	8.2	18.5	23.8	25.6	21.9
江苏	3.1	5.5	8.7	16.3	24.7	41.7
浙江	7.6	13.0	13.3	16.8	22.1	27.2
江西	13.7	15.4	15.7	15.4	15.9	23.9
山东	5.4	16.2	20.2	21.6	17.9	18.7
河南	3.9	7.0	12.4	23.2	27.7	25.8
湖南	6.2	13.2	17.2	18.0	21.8	23.6
广东	6.9	15.9	15.6	17.7	20.2	23.7
重庆	13.0	16.2	14.6	14.9	19.7	21.6
四川	14.4	9.9	12.4	17.1	21.9	24.3
云南	8.5	19.9	18.9	19.1	17.6	16.0
陕西	8.5	20.5	18.9	19.6	15.2	17.3
甘肃	9.1	19.1	17.6	16.8	17.0	20.4

返乡入乡创业创新经营实体成立年度结构　　　　　　　单位：%

地区	2009 以前	2010	2011	2012	2013	2014	2015	2016	2017	2018	2019 及以后
全国	7.8	4.7	2.6	6.6	7.1	8.9	11.9	12.9	12.8	13.2	11.5
吉林	10.9	4.6	1.6	15.9	9.1	9.7	12.4	13.8	9.6	7.4	5.0
黑龙江	5.9	6.0	1.5	6.7	8.4	11.0	14.0	12.9	10.6	9.2	13.8
江苏	11.0	4.7	2.9	6.8	7.5	8.9	11.9	11.1	9.9	14.2	11.1
浙江	7.0	3.7	2.9	6.7	8.3	8.2	9.9	13.3	13.2	13.6	13.2
江西	8.5	3.2	3.7	6.0	8.1	7.2	9.0	11.7	14.0	15.5	13.1
山东	9.4	8.8	1.4	5.7	7.1	7.1	12.2	13.9	13.2	10.5	10.7
河南	5.9	3.8	1.5	5.4	11.3	9.9	12.9	12.9	12.4	10.6	13.4
湖南	6.5	4.4	2.2	4.5	4.7	7.4	11.2	13.4	15.7	15.1	14.9
广东	4.9	3.2	2.5	4.3	7.2	8.2	11.8	12.1	12.2	17.6	16.0
重庆	6.3	5.4	3.2	6.7	8.0	11.2	14.2	13.5	12.5	12.5	6.5
四川	6.5	3.4	3.5	4.8	5.2	7.4	13.6	12.8	14.5	13.6	14.7
云南	7.0	6.1	1.9	8.7	6.2	7.4	9.7	13.5	14.9	14.8	9.8
陕西	9.9	4.9	1.9	5.3	4.4	9.9	9.7	9.7	15.9	13.6	14.8
甘肃	9.6	3.2	3.5	5.0	7.6	10.8	13.3	14.6	10.8	13.1	8.5

返乡入乡创业创新团队总人数结构　　　　　　　　　单位：%

地区	1 人	2 人	3～4 人	5～6 人	7～8 人	9～10 人	10 人以上
全国	17.3	29.4	20.3	19.7	3.9	2.5	6.9
吉林	16.8	37.1	19.3	12.5	3.5	2.8	8.0
黑龙江	11.3	37.9	23.3	18.5	2.3	1.1	5.6
江苏	16.2	30.1	25.5	14.0	4.0	3.0	7.2
浙江	23.0	29.1	20.3	16.8	3.7	1.8	5.3
江西	16.0	17.5	20.0	25.6	4.4	4.1	12.4
山东	11.8	35.9	22.7	16.8	2.5	3.4	6.9
河南	9.4	22.3	21.1	29.8	5.9	2.3	9.2
湖南	13.3	27.0	22.8	22.1	4.9	2.8	7.1
广东	18.5	33.0	19.2	17.4	4.1	3.1	4.7
重庆	24.1	29.5	18.8	16.3	3.7	2.6	5.0
四川	12.1	22.4	24.3	23.4	5.2	3.3	9.3
云南	25.9	41.2	16.9	8.5	2.7	1.0	3.8
陕西	14.7	31.9	16.2	19.2	5.5	3.0	9.5
甘肃	17.3	16.4	14.0	40.9	3.1	2.0	6.3

返乡入乡创业创新经营实体性质结构 单位：%

地区	个体户	农民专业合作社	家庭农场	企业	种养大户	其他
全国	30.0	24.8	15.2	14.0	13.5	2.5
吉林	30.2	25.2	14.3	7.1	20.5	2.7
黑龙江	21.7	22.5	15.1	6.4	32.3	2.0
江苏	22.4	14.6	24.0	21.1	16.7	1.2
浙江	37.0	14.1	28.0	12.4	6.1	2.4
江西	25.8	40.5	8.5	15.4	7.4	2.4
山东	45.0	19.3	9.4	10.9	11.1	4.3
河南	15.5	34.7	31.2	12.2	4.0	2.4
湖南	33.1	25.1	8.2	15.7	14.0	3.9
广东	37.4	15.0	24.0	10.5	11.0	2.1
重庆	17.8	22.5	16.3	30.1	11.1	2.2
四川	18.3	33.0	26.4	8.1	12.6	1.6
云南	49.6	10.6	2.7	10.2	23.5	3.4
陕西	41.4	24.0	6.7	16.8	7.9	3.2
甘肃	27.6	52.6	3.8	11.1	3.7	1.2

返乡入乡创业创新经营实体渠道资金结构 单位：%

地区	自有资金	银行贷款	民间借贷	政府扶持	其他
全国	83.4	32.3	12.8	10.6	5.4
吉林	88.8	26.4	11.5	5.2	4.9
黑龙江	76.4	32.1	18.5	6.7	2.3
江苏	87.0	36.0	9.2	11.9	3.8
浙江	76.2	45.0	11.2	6.4	2.4
江西	85.3	27.7	6.4	17.7	8.1
山东	85.7	24.8	10.3	5.0	4.0
河南	85.9	29.8	16.2	10.6	9.6
湖南	85.8	24.7	12.8	12.5	5.8
广东	82.4	18.2	19.8	8.2	11.5
重庆	91.7	25.6	10.1	17.6	2.9
四川	89.2	30.3	13.8	6.6	3.1
云南	82.9	36.8	13.1	9.7	5.2
陕西	74.8	38.6	14.5	16.0	7.1
甘肃	70.5	47.8	14.9	11.7	9.1

返乡入乡创业创新经营实体创立以来总投资结构　　　　　　单位：%

地区	6万及以下	6万～20万	20万～50万	50万～100万	100万～200万	200万～500万	500万以上
全国	8.1	21.6	21.9	16.2	13.0	11.4	7.8
吉林	12.1	20.9	21.5	14.6	13.4	11.0	6.5
黑龙江	2.3	23.8	26.9	18.2	10.1	10.6	8.1
江苏	2.4	14.5	21.9	16.1	15.1	16.0	14.0
浙江	3.2	20.7	25.0	17.8	16.2	10.0	7.1
江西	4.2	18.7	21.7	16.1	14.7	14.5	10.1
山东	11.2	28.1	21.2	14.1	12.2	7.1	6.1
河南	3.1	12.9	23.9	21.6	14.3	14.8	9.4
湖南	6.3	20.3	21.2	17.9	16.4	10.2	7.7
广东	8.9	23.2	23.5	19.8	10.5	8.1	6.0
重庆	9.2	21.5	21.3	15.6	12.0	11.5	8.9
四川	5.9	18.0	21.1	19.6	16.1	14.5	4.8
云南	16.8	30.5	21.7	11.8	8.3	5.7	5.2
陕西	13.2	25.2	22.0	13.4	8.8	12.3	5.1
甘肃	11.9	22.4	17.4	13.1	13.2	13.4	8.6

返乡入乡创业创新经营实体负债情况结构　　　　　　单位：%

地区	无负债	5万以下	5万～10万	10万～20万	20万～50万	50万～100万	100万～300万	300万以上
全国	65.2	5.6	5.3	6.5	7.3	4.1	3.9	2.1
吉林	79.9	3.5	2.1	3.7	4.1	2.2	3.2	1.3
黑龙江	72.0	9.3	4.5	3.4	4.0	2.6	3.1	1.1
江苏	67.3	3.4	2.7	5.4	7.2	3.7	5.5	4.8
浙江	59.3	5.4	7.1	7.6	10.7	4.6	3.6	1.7
江西	63.4	5.1	4.8	6.4	7.8	5.8	4.6	2.1
山东	72.3	5.7	4.2	4.4	6.7	2.3	1.7	2.7
河南	66.7	4.2	6.8	7.0	6.3	3.8	4.0	1.2
湖南	65.2	6.3	5.7	7.4	7.0	3.5	2.9	2.0
广东	58.1	5.3	5.8	8.2	9.5	6.6	4.1	2.4
重庆	66.7	4.3	4.2	5.6	7.5	5.5	3.6	2.6
四川	64.6	5.5	6.1	7.5	8.4	3.5	3.9	0.5
云南	62.9	9.2	8.0	7.7	6.2	2.7	2.1	1.2
陕西	56.1	7.4	5.1	10.4	8.5	4.4	5.6	2.5
甘肃	62.2	4.2	5.7	6.1	7.2	5.6	6.3	2.7

返乡入乡创业创新经营实体长期雇佣人数结构　　　　　　单位：%

地区	0人	1人	2人	3人	4人	5人	6～10人	11～20人	20人以上
全国	32.5	10.5	15.2	8.2	4.6	5.9	11.6	6.4	5.1
吉林	49.3	10.5	13.3	5.3	3.1	3.7	7.2	3.8	3.8
黑龙江	39.4	15.7	16.0	7.0	5.3	4.2	6.2	3.9	2.3
江苏	20.5	7.5	17.0	8.8	4.7	6.2	17.3	10.4	7.6
浙江	34.8	9.9	18.0	8.9	4.6	6.2	9.2	4.2	4.2
江西	17.8	13.4	14.5	8.0	6.7	8.0	15.0	8.8	7.8
山东	36.9	11.1	12.2	7.8	4.8	5.7	9.0	7.3	5.2
河南	22.8	8.7	12.7	8.9	3.3	6.1	17.8	10.1	9.6
湖南	23.1	11.0	17.0	10.0	6.4	6.3	12.5	6.4	7.3
广东	25.3	10.5	20.6	9.8	5.5	6.3	12.5	5.8	3.7
重庆	26.3	10.8	15.6	9.1	4.4	8.2	13.6	7.7	4.3
四川	31.7	8.3	14.9	8.9	3.9	5.7	13.4	7.5	5.7
云南	48.0	10.9	13.8	6.4	4.0	4.2	7.8	3.2	1.7
陕西	32.9	13.9	14.1	6.0	4.4	5.1	10.4	5.8	7.4
甘肃	38.2	9.2	11.6	9.1	4.0	6.9	10.4	6.0	4.6

返乡入乡创业创新经营实体上年支付长期工工资总额结构　　　　　　单位：%

地区	1万及以下	1万～5万	5万～10万	10万～20万	20万～50万	50万以上
全国	35.6	23.6	15.2	11.4	8.8	5.4
吉林	52.2	20.2	12.1	5.9	6.2	3.4
黑龙江	45.0	27.5	13.0	7.8	4.2	2.5
江苏	21.9	19.5	18.8	13.5	13.3	13.0
浙江	37.5	21.4	12.2	11.8	11.2	5.9
江西	21.5	31.3	18.0	12.2	10.6	6.4
山东	42.0	20.8	14.1	10.7	5.5	6.9
河南	25.2	29.3	17.1	12.9	8.5	7.0
湖南	26.3	24.4	20.9	12.2	11.1	5.1
广东	27.1	25.0	17.4	13.7	11.0	5.8
重庆	31.8	26.5	14.5	13.3	9.3	4.6
四川	34.9	24.0	16.3	12.8	8.1	3.9
云南	51.2	20.3	11.3	8.7	6.3	2.2
陕西	36.2	29.5	12.7	9.3	6.5	5.8
甘肃	40.5	20.0	14.5	12.7	8.2	4.1

返乡入乡创业创新经营实体短期雇佣人数结构　　　　　单位：%

地区	0人	1人	2人	3人	4人	5人	6～10人	11～20人	20人以上
全国	30.9	4.9	8.2	5.6	3.6	6.2	13.9	12.1	14.6
吉林	37.1	3.2	7.4	5.3	2.1	8.8	13.1	7.8	15.2
黑龙江	26.8	6.4	15.5	6.1	5.9	6.7	13.2	8.7	10.7
江苏	26.4	2.9	7.8	6.2	5.0	7.2	17.9	14.2	12.4
浙江	31.0	6.3	12.2	7.8	4.2	6.7	12.2	8.8	10.8
江西	25.3	4.9	5.1	4.4	4.2	5.7	12.7	13.8	23.9
山东	31.1	8.2	9.7	3.2	3.6	5.2	14.9	13.0	11.1
河南	10.2	5.2	8.0	5.4	4.5	6.8	17.4	19.5	23.0
湖南	28.8	4.9	6.5	5.0	4.5	6.5	15.8	14.2	13.8
广东	25.9	9.2	11.1	6.4	2.4	5.5	15.0	12.1	12.4
重庆	25.7	3.0	8.2	8.2	3.6	8.5	13.9	15.7	13.2
四川	25.7	2.8	6.7	4.0	3.9	5.8	18.2	14.1	18.8
云南	52.5	4.9	6.4	3.6	1.7	3.7	8.5	6.5	12.2
陕西	38.1	5.3	8.5	5.1	2.3	5.1	11.6	12.9	11.1
甘肃	34.8	5.4	5.4	6.7	2.6	4.3	11.1	10.8	18.9

返乡入乡创业创新经营实体上年支付短期工工资总额结构　　　　　单位：%

地区	1万及以下	1万～5万	5万～10万	10万～20万	20万～50万	50万以上
全国	46.1	30.8	10.8	6.1	4.0	2.2
吉林	52.1	27.7	7.5	5.3	4.7	2.7
黑龙江	50.3	31.2	9.6	4.5	2.2	2.2
江苏	35.2	34.1	15.2	7.0	5.0	3.5
浙江	45.0	30.9	10.9	6.1	4.9	2.2
江西	40.1	34.1	10.4	7.4	4.1	3.9
山东	47.5	29.4	11.1	5.7	4.0	2.3
河南	29.6	43.0	12.4	8.9	4.5	1.6
湖南	41.9	33.7	10.6	7.6	4.4	1.8
广东	41.7	32.7	11.0	6.6	4.3	3.7
重庆	42.3	32.1	14.4	5.5	3.8	1.9
四川	42.9	35.3	10.3	6.3	4.0	1.2
云南	69.1	18.1	5.7	3.9	2.0	1.2
陕西	54.3	23.6	11.3	4.8	3.4	2.6
甘肃	44.3	31.1	10.7	6.8	5.1	2.0

返乡入乡创业创新经营实体盈利状况结构　　　　　　　单位：%

地区	尚未收回成本	已收回全部投资成本，并实现盈利
全国	43.2	56.8
吉林	30.2	69.8
黑龙江	35.7	64.3
江苏	35.4	64.6
浙江	47.1	52.9
江西	58.8	41.2
山东	38.4	61.6
河南	40.1	59.9
湖南	43.9	56.1
广东	47.3	52.7
重庆	52.2	47.8
四川	52.2	47.8
云南	36.9	63.1
陕西	47.1	52.9
甘肃	39.9	60.1

返乡入乡创业创新主体享受过的公共服务类型结构　　　　　　　单位：%

地区	技术培训	创业培训	税收优惠	农机购置补贴	用地优惠	创业贷款	种子种苗种畜补助	用水用电用气优惠	代办证照	扶贫贷款	产品代销	见习实训	融资担保	网店设计	其他	以上均没有
全国	42.6	28.3	17.9	13.5	11.4	11.4	7.8	7.0	4.5	3.6	3.4	3.3	3.0	0.7	12.2	17.7
吉林	45.3	33.0	12.3	15.1	9.3	6.5	4.7	7.0	4.0	1.3	4.1	4.1	1.3	0.6	7.1	17.9
黑龙江	37.2	22.0	11.4	17.8	5.3	5.5	4.4	4.7	3.3	3.9	1.9	1.6	2.2	0.3	7.5	25.1
江苏	47.2	38.7	16.4	19.9	17.4	9.4	15.1	6.1	6.9	1.7	4.4	2.5	3.5	0.9	10.1	11.5
浙江	45.2	29.1	23.8	16.1	6.5	8.6	6.1	5.3	6.9	1.4	2.6	4.3	2.1	0.4	12.8	18.6
江西	32.5	17.8	16.2	13.5	17.2	20.2	7.6	5.5	5.2	7.3	3.6	2.8	2.7	1.1	13.0	20.8
山东	34.6	21.8	14.7	7.3	9.4	6.1	4.6	9.8	3.4	2.3	2.3	2.9	2.1	0.2	13.2	21.4
河南	36.6	26.1	18.8	31.2	15.3	11.5	14.1	15.7	3.3	6.3	4.9	2.1	2.1	0.7	8.0	12.7
湖南	47.5	31.4	15.9	11.5	13.0	8.8	9.9	6.9	4.0	4.8	3.4	2.6	2.4	0.8	13.0	16.2
广东	27.5	15.4	15.7	8.0	15.8	3.8	5.8	15.7	6.0	3.7	5.4	4.8	3.8	1.7	13.2	29.4
重庆	46.5	30.3	22.6	15.6	13.7	10.0	9.6	5.6	3.4	1.5	3.8	2.1	6.0	0.5	15.0	15.4
四川	49.3	31.6	15.0	12.5	10.5	12.1	7.4	8.6	2.2	4.2	4.3	2.3	4.5	0.2	15.6	14.1
云南	45.4	29.1	18.0	24.0	7.2	7.2	5.5	5.0	3.6	5.2	5.0	1.5	1.5	0.3	17.1	20.5
陕西	37.5	25.1	26.7	10.4	12.7	9.2	7.1	8.3	8.3	5.5	0.5	6.4	2.8	1.6	9.7	20.7
甘肃	42.2	28.1	21.2	13.2	8.5	11.5	4.2	4.3	6.1	1.5	4.0	3.0	3.0	1.6	8.2	13.2

APPENDIX 3

附录三
留守妇女心理与行为测量方法

1. 个体行为分析

测量留守妇女的自我价值感，它由四个维度构成，分别是自尊、自我效能、独立性与心理韧性，分别对应着全国妇联 1988 年提出的妇女要树立"自尊、自信、自立、自强的"四自精神"。如下所示：

自尊。使用罗森伯格自尊量表(Rosenberg Self-esteem Scale, SES) 测量。该量表共包含 10 个条目，如"我看得起自己"。

自信。使用李超平等人修订的中文版心理授权量表（Psychological empowerment scale）[1]中"自我效能"维度测量。共包含 3 道题目，如"我对自己完成工作的能力非常有信心"。

自立。基于全国妇联 1988 年提出的"教育引导妇女树立自尊、自信、自立、自强的精神"中对自立的定义，使用自编题目，从经济自立、自我决定、依赖从属和家庭地位 4 方面对自立进行测量。共包含 4 道题目，如"我可以自己赚钱养活自己"。

自强。基于全国妇联 1988 年提出的"教育引导妇女树立自尊、自信、自立、自强的精神"，借鉴心理资本量表（psychological capital questionnaire）[2]中的"韧性"纬度，使用自编题目，从承担责任、不怕困难、抗压能力和自我要求 4 个方面对自强进行测量。共包含 4 道题目，如"我勇于面对困难"。

2. 家庭行为分析

测量与留守妇女的生活相关的心理特征，包含生活满意度、婚姻满意度及压力水平。如下所示：

生活满意度。使用 Diener 等人编制的生活满意度量表（Satisfaction With Life Scale, SWLS）[3]，由 5 个条目组成，如"在许多方面，我的生活接近我的理想"。

婚姻满意度。使用Olson婚姻质量问卷[4]中测量主观婚姻满意度的分量表测量。共包含 10 道题目，如"我不喜欢配偶的性格和个人习惯"。

压力。采用自编压力量表，从身体健康压力、精神性压力及社会性压力 3 个维度进行测量，其中身体健康压力 1 项条目，精神性压力与社会性压力均为 4 项条目，共有 4 项分数，即 3 个维度的压力水平和总的压力指数。

① 汪向东，王希林，马弘 . 心理卫生评定量表手册 (增订版). (1999). 北京：中国心理卫生杂志 . 社 , 1999: 318–320

② Luthans, F., Youssef, C. M., Avolio, B. J. (2007). Psychological capital: Developing the human competitive edge. Oxford: Oxford University Press.

③ Diener E, Ryan K. Subjective Well–Being: A General Overview. South African journal of psychology, 2009, 39(4): 391–406.

④ 汪向东，王希林，马弘 . 心理卫生评定量表手册 (增订版). (1999). 北京：中国心理卫生杂志 .

3.职业行为分析

测量与留守妇女的就业与创业相关的组织行为特征，包含心理资本、工作－家庭中心度、工作家庭平衡与心理契约。由于组织行为的测量工具在编制时是针对组织的员工，考虑到本研究受测者的特点，这部分的测量工具对用词和表述根据受测对象的特点有部分调整。如下所示：

心理资本。使用积极心理资本量表[①]进行测量，共包含即自我效能、心理韧性、乐观和希望 4 个维度共 26 道题目，为减轻参与者的认知负担，提高问卷质量，每个维度选用最能体现该维度内涵的一题，共 4 题，如"面对困难时，我会积极尝试不同的办法"。

工作-家庭中心度。使用工作－家庭中心度量表（work-family centrality scale）[②]测量，反映个人对工作和家庭二者相对重要性的价值判断。共 5 道题，如"总的来说，在我的人生中工作比家庭更重要"，得分越高，工作的中心度越高，家庭的中心度越低。

工作-家庭平衡。在工作家庭中心度的基础上，使用 1 道自编题目测量工作－家庭平衡的观点，即"我觉得应该尽量平衡工作与家庭"。

心理契约。使用心理契约（psychological contract）量表[③]测量，包含"绩优"和"忠诚"两个维度，考察参与者的职业精神。原量表共 8 题，如"对公司忠诚"。根据前期调研访谈结果，在"绩优"维度加上"拿了老板的钱就要好好干"。此外，考虑到参与者的语境特点，将原量表中如"同事""公司""上司"等改为更符合参与者用语习惯的词语。借鉴投射的方式，要求参与者判断每道题目是否符合其认为的"好员工"的标准，以此反映其职业精神。

① 张阔, 张赛, & 董颖红. (2010). 积极心理资本：测量及其与心理健康的关系. 心理与行为研究, 8(1), 58−64.

② Carr, J. C., Boyar, S. L., & Gregory, B. T. (2008). The moderating effect of work—family centrality on work—family conflict, organizational attitudes, and turnover behavior. Journal of Management, 34(2), 244−262.

③ 刘小禹, 刘军, & 于广涛. (2008). 初始信念、组织诱引对员工心理契约变化的影响. 心理学报, 40(1), 64−73.

图书在版编目（CIP）数据

中国农村创业创新发展报告.2020年／中农智慧（北京）农业研究院组编.— 北京：中国农业出版社，2021.9

ISBN 978−7−109−28791−4

Ⅰ.①中… Ⅱ.①中… Ⅲ.①农村－创业－研究报告－中国－ 2020 Ⅳ.①F249.214

中国版本图书馆CIP数据核字(2021)第195093号

中国农村创业创新发展报告（2020年）
ZHONGGUO NONGCUN CHUANGYE CHUANGXIN FAZHAN BAOGAO (2020 NIAN)

中国农业出版社出版
地址：北京市朝阳区麦子店街18号楼
邮编：100125
责任编辑：周益平 李海锋
版式设计：杜 然 责任校对：吴丽婷
印刷：北京通州皇家印刷厂
版次：2021年9月第1版
印次：2021年9月北京第1次印刷
发行：新华书店北京发行所
开本：787mm×1092mm 1/16
印张：8.75
字数：180千字
定价：98.00元